Dank

Vielen Dank an meine Frau Ramona. Ohne Ihre unendliche Geduld hätte ich es nicht geschafft, dieses Buch so schnell auf Papier zu bringen.

Frank Tuppek

Gelassenheit im Alltag

Ein nicht alltäglicher Weg zur inneren Ruhe

Impressum:

© 2016 Frank Tuppek
Lektorat, Korrektorat: Mandy Rosenmeier

Herstellung und Verlag:
BoD – Books on Demand, Norderstedt
ISBN: 9783743193703

Bibliografische Informationen der Deutschen Bibliothek:
Die Deutsche Bibliothek verzeichnet diese Publikation in
der Deutschen Nationalbibliografie; detailliert Dateien
sind im Internet über http://dnb.ddb.de abrufbar

INHALT

Vorwort 7

I. Einleitung
Eine Geschichte von vielen…..9
Stress…..13
Körper und Psyche…..17
Verlorene Zeit…..20

II. Sich selbst wieder kennen lernen
Lernen…..24
Auf der Suche…..26
Wer bin ich…..30
Selbstvertrauen…..33
Veränderungen…..35
Geduld…..39
Zuhören können…..41
Mitgefühl…..43
Dankbarkeit…..46
Loslassen…..51
Liebe …..55
Licht und Dunkel…..58
Freude und Gefühle…..62
Dem anderen helfen…..64
Ehrlichkeit…..66
Das Heute für Morgen erleben…..67
Erfahrung und Weisheit…..70
Mut zu neuen Wegen…..72

III. Vorbereitungen für den Übungsweg
Körperliche Aktivität…..75
Zur Ruhe kommen…..77
Jetzt geht es los…..79
Atmung…..80
Bauchatmung…..81

IV. Meditation
Meditation…..83
Achtsamkeit…..88
Atem - Meditation…..93
Ausrichten auf ein Objekt…..95
Körperachtsamkeits - Meditation…..96
Shingan - Meditation…..98
Zen…..101
Zazen - Das richtige Sitzen…..103
Kinhin (Geh) - Meditation…..105

V. Klassische Entspannungsmethoden
Autogenes Training…..107
Progressive Muskelentspannung (PM)…..119
Entspannung der Augen und Sprechmuskulatur…..127
Phantasiereise…..131
Der Weg…..135
Nachtrag…..138

Vorwort

Glücklich sein und sich wohlfühlen - wer möchte das nicht. Es sind Gefühle, die wir kennen und die Wohlbehagen in uns wecken. Jeder von uns hat schon Situationen erleben dürfen, die höchstes Glück in uns auslösten. Es kann aber auch ganz anders sein. Vieles funktioniert im Leben nicht mehr richtig, man hadert mit sich selbst und ist unzufrieden. Stress ist wichtig und gehört zu unserem Leben. Er fördert und motiviert uns. Nur ein Zuviel kann uns zum Verhängnis werden. Wir müssen lernen sinnvoll damit umzugehen.

Neben den bekanntesten Meditationsmethoden ist auch die von mir entwickelte Shingan-Meditation Bestandteil dieses Buches. Weiterhin stelle ich das Autogene Training und die Progressive Muskelentspannung mit entsprechenden Übungen vor. Den Abschluss macht die Phantasiereise. Diese verschiedenen Methoden sollen als Anregung zur Stressbewältigung dienen. Letztendlich entscheidet jeder für sich selbst mit welcher Methode er seinen persönlichen Weg gehen möchte.

Überprüfen wir uns und unser bisheriges Leben. Sind wir zufrieden damit? Können wir der Hektik des Alltags oft genug entfliehen? In meinem Buch gebe ich dazu viele Anregungen und Gedankenimpulse.

Die Achtsamkeit ist es, die Körper und Geist miteinander verbindet.

Dass Lernen Spaß machen kann, widerspricht oft der Vorstellung der meisten Menschen grundlegend, die während ihrer Schulzeit ganz andere Erfahrungen machen mussten. In der heutigen Zeit, wo sich Wissen rasant entwickelt und verdoppelt, wo es notwendig ist, neue Wege zu gehen, sich selbst zu verändern, wird Lernen zur Dauerraufgabe. Eine Aufgabe allerdings, die, wenn sie zielorientiert, effektiv, kreativ und verantwortungsbewusst umgesetzt wird, Spaß macht.

Ich wünsche Euch von ganzem Herzen eine entspannte Zeit.

Weiten-Gesäß, Dezember 2016

I. Einleitung

Eine Geschichte von vielen

Es ist schon viele Jahre her, als ich einen Hörsturz erleben durfte. Man wacht morgens auf, ist auf einem Ohr fast taub, dazu nicht mehr enden wollenden Geräusche im Kopf. Was bin ich doch für ein armer Mensch. Warum ausgerechnet ich? Das sind die nur allzu bekannten Fragen und Gedanken, die einen von morgens bis abends beschäftigen.
Warum ich?

Mit dem Hörsturz begann eine Ärzteodyssee. Die klassischen Behandlungsmethoden schlugen nicht an. Bei meiner Suche nach Alternativen Möglichkeiten lernte ich einen ca. 80 Jahre alten Mann kennen. Er strahlte Ruhe und Freude aus. Als wir ins Gespräch kamen, erkannte ich, wie klein mein Leiden doch war. Er war auf beiden Ohren fast taub, und hatte Geräusche im Kopf, die man von außen schon fast wahrnehmen konnte.
„Wie lange hast du das denn schon?", fragte ich ihn.
„Seit über 30 Jahren", war seine Antwort.
Ich war verblüfft. Wie kann ein Mensch dann soviel Ruhe und Mitgefühl ausstrahlen? „Wenn du keinen Kompromiss mit deinem Leiden schließt, es nicht annimmst und für gegeben erkennst, wirst du damit

nie umgehen können", war seine Antwort. Es berührte mich, wie er das sagte und seine Augen dabei strahlten. Er hatte erkannt worauf es in seinem Leben ankam.

Meinen Tinnitus habe ich heute noch. Er ist aber ein Teil von mir geworden. Mal ist er leiser, mal lauter. Wird der Stresslevel wieder einmal zu hoch, meldet er sich gleich wieder. Und das ist auch gut so. Der Weg bis zu dieser Erkenntnis war nicht einfach. Viele Steine musste ich aus dem Weg räumen. Steine, die ich allerdings selbst dort hingelegt hatte. Und alles nur, weil wir auf unseren Verstand hören und ihm vertrauen. Das wirkliche Leiden ist das Nichterkennen unseres Selbst. Wir wollen Gesund sein, vor Kraft strotzen und etwas darstellen. Alles andere passt nicht in unseren Plan.

Unser Leben ändert sich täglich. Der gradlinige Weg ist zu einem Schlangenpfad geworden. Angst, Selbstzweifel bis hin zu Depressionen beherrschen uns. Wie kommen wir aus diesem Sumpf wieder heraus? Sport treiben oder ein Buch lesen ist in den meisten Fällen nicht ausreichend. Es ist eine Ablenkung für einen kurzen Zeitraum. Aber welche Möglichkeiten hat man noch? Wichtig ist es den Glauben an sich selbst wieder zu finden, seine persönlichen Stärken zu entdecken und das

Selbstvertrauen stärken. Dies ist ein nicht alltäglicher und einfacher Weg. Dafür gibt es keine rosa Pille. Hier ist jeder für sich selbst verantwortlich. Lerne das Leben wieder so zu sehen wie es wirklich ist. Lerne den Moment wieder zu schätzen.

Ich bin, was ich sein darf (Frank Tuppek 2009)

Wo war ich die ganze Zeit?
Verschollen im Nichts, bedeckt mit der Eitelkeit?
Blind war mein Geist,
erkannte nicht das Wunderbare.

Wo warst du, als ich dich gesucht?
Nichts habe ich gesehen,
obwohl du vor mir stundest.
Nichts habe ich gefühlt,
obwohl du bei mir warst.

Mein Herz hat geschrien
und doch hörte es niemand.
Die Seele war betrübt, aber ich spürte es nicht.
Wo warst du, wo war ich?

Dahin ging die Zeit, habe nichts erkannt.
Die Zeit eilte dahin, ohne mich.
Erfüllt war ich von Blindheit.
Wer war ich?

Nun bin ich angekommen und habe gelernt.
Habe mich erkannt und erlebt.
Nun bin ich angekommen und darf mich lieben.
Ja, nun weiß ich wer ich bin.

Stress

Stress ist eine gefühlsmäßige und körperliche Reaktion auf Umweltereignisse und Vorgänge in uns selbst. Diese wiederum können in uns ein bedrohendes Gefühl auslösen. Empfindungen die uns in unserem Wohlbefinden einschränken und unser Reaktionsempfinden merklich schwächen kann.

Anspannungen im Beruf oder Privatleben, Termindruck und Probleme mit unseren Mitmenschen sind unter anderem Auslöser und können uns negativ in allen Handlungsweisen beeinflussen. Wir Menschen neigen dazu Erlebtes zu bewerten. Dies kann freudig oder negativ ausfallen. Hiernach richtet sich unser persönliches Empfinden. Mit dem Stress verhält es sich genauso. Ob nun eine Situation oder Anforderung als Stress bewertet wird, entscheiden wir selbst. Die Fähigkeit Entscheidungen zu treffen bzw. Situationen zu bewerten sind uns nicht angeboren, sondern in der jeweiligen Entwicklung internalisiert worden.

Denken wir einmal an eine bevorstehende Prüfung. Die Vorbereitung ist ausreichend. Dann kam ein Blackout. Alles Gelernte war plötzlich nicht mehr abrufbar und einfach verschwunden. Diese Situation wird von uns als schlecht bewertet und vor der nächsten Prüfung haben wir Angst. Gerade in solchen Situationen können Entspannungsmethoden sehr hilfreich sein. Mit deren Hilfe kann man direkten Einfluss auf seinen Körper nehmen. Entsprechende Blockaden können abgebaut werden und neue nicht mehr entstehen. Dieser Unterschied zwischen gesunder und blockierter Verspannung kann durch die Anwendung der Methoden hautnah miterlebt werden.

Stress und dessen Beeinflussung auf unser Körpersystem möcht ich hier zunächst kurz erläutern. Das Nervensystem lässt sich in einen willkürlichen und nicht willkürlichen Bereich unterteilen. Alle bewussten und willkürlichen Handlungen werden durch das willkürliche Nervensystem beeinflusst. Dies betrifft zum Beispiel Kontakt zu anderen Menschen und zu unserer Umwelt.

Das autonome (vegetative) Nervensystem ist weitgehend unabhängig von unserem Willen. Es steuert alle unsere inneren Lebensvorgänge. Allerdings kann hier ein seelisches Ungleichgewicht für eine große Konfusion sorgen. Körperfunktionen werden dadurch gestört. Das vegetative Nervensystem reagiert alarmierend auf erlebte

Stressreize und der Körper stellt Energien bereit um sich darauf vorzubereiten. Dies wäre für uns völlig ungefährlich, wenn dieser Zustand wieder rechtzeitig von uns abgebaut werden kann. Wenn dies aber so nicht möglich ist und wir unter dauernder Anspannung stehen, wird es gefährlich. Der negative Stress (Dystonie) überflutet uns. Er stellt eine belastende und krank machende Form der Spannung dar.

Wir leben in einer modernen Zeit die gerade auch im Bereich der Medizin viele Fortschritte gemacht hat. Es werden neue wissenschaftliche Grundlagen geschaffen und Therapien entwickelt. Immer neuere Medikamente kommen auf den Markt. Und doch gerät die Medizin immer wieder an ihre Grenzen. Man vertraut zu sehr auf die rosa Pille. Auch der Geist und soziale Faktoren können Heilung bewirken. Methoden, die uns auf längere Sicht ein zufriedenes Leben schenken können. Und das ganz ohne Nebenwirkungen und Suchtpotential.

Kommen wir zurück zu den Stressfaktoren die uns das Leben schwer machen können. Im Zusammenhang mit dem Abbau von Stress, Angst und oft damit verbundenen Vorstellungsbildern ist eine Schulung der Körperwahrnehmung besonders wichtig. Ein frühzeitiges Erkennen von entsprechenden Anspannungen ermöglicht ein schnelles und effektives Gegensteuern wodurch negative Muster aufgelöst werden können.

Eine Entspannungsmethode kann uns helfen dieses Gleichgewicht wieder herzustellen. Sie kann die Stressbelastung positiv beeinflussen und uns in Belastungssituationen gelassener agieren lassen.

Körper und Psyche

Um den Einfluss der Stressbelastung auf unserem Körper zu verstehen möchte ich hier kurz die Funktion des menschlichen Nervensystems erläutern.

Das autogene oder vegetative Nervensystem ist dagegen weitgehend unabhängig von unserem Willen. Wir haben keinen Einfluss darauf. Dazu zählen zum Beispiel Atmung, Verdauung, Kreislauf und Stoffwechsel. Besonders seelische Vorgänge wirken sich unbewusst auf das vegetative Nervensystem aus.

Eine wesentliche Rolle spielt das Zusammenwirken von Sympathikus und Parasympathikus. Der Sympathikus hat eine aktivierende Funktion, wie die Beschleunigung des Herzschlages, eine Erhöhung der Atemfrequenz und des Blutdruckes. Der Parasympathikus wirkt in Richtung Energiespeicherung, Aufbau und Erholung. Ziel des Zusammenwirkens von Sympathikus und Parasympathikus ist also ein harmonischer Wechsel zwischen Anspannung und Entspannung.

Das Leben eines gesunden Menschen verläuft in gleichmäßigen Zyklen von Anspannung und Entspannung. Zu einem höchst anstrengenden Leben gehören Phasen der Ruhe, Entlastung und Entspannung. Belastungen die uns überfordern können ebenso Schäden anrichten wie eine Unterforderung.

Herausfordernde Erlebnisse, die erschreckend und alarmierend sind, haben einen aktivierenden Einfluss auf unser vegetatives Nervensystem. Diese Belastung ist für den Körper völlig unbedenklich, wenn dieser Zeit für eine Erholung hat. Wenn allerdings das Zusammenwirken von Sympathikus und Parasympathikus gestört ist können Anspannungen nicht mehr adäquat abgebaut werden. Der Körper befindet sich quasi in einem dauernden Alarmzustand.

Entspannungsmethoden beeinflussen positiv das vegetative Nervensystem. Es werden Organe stimuliert, die sonst dem Willen nicht zugänglich sind. Sie können eine wirksame Hilfe zur Regulierung von Sympathikus und Parasympathikus sein.

Ob ein Einfluss als Stressor wirkt hängt also davon ab, wie jemand eine Situation wahrnimmt und bewertet. Somit dienen Entspannungsmethoden als eine emotionsregulierende Funktion um Stressbelastungen konstruktiv zu bewältigen.

Wir wissen nun wie unser Körper in entsprechenden Stressmomenten reagiert. Welche Rolle spielt unser tägliches Handeln? Hat das auch einen Einfluss auf dieses komplexe Gebilde? Die Frage kann mit einem klaren Ja beantwortet werden. Ich sehe es sogar als ein großes vorgelagertes Problem. Mit einer entsprechenden Entspannungsmethode versuchen wir auf einen bereits bestehenden Zustand zu reagieren, der nicht von heute auf morgen entstanden ist. Leider passiert es oft, dass wir die Stressfaktoren zu spät erkennen. Wenn wir die Symptome frühzeitig identifizieren und reagieren könnten, so hätte unser Handeln einen präventiven Charakter. Hierzu müssen wir uns wieder selbst kennen und lieben lernen.

Verlorene Zeit

Zeitdruck ist in der heutigen Gesellschaft einer der größten Stressfaktoren überhaupt. Wir haben das Gefühl nicht genug Zeit zu haben um alles Geplante erledigen zu können. Jetzt kommt noch jemand mit so einem Buch daher und verlangt Unmögliches. Die Zeit ist doch schon knapp genug.

Man hat Mühe seinen Job zufriedenstellend auszuüben. Nach Feierabend geht es weiter. Einkaufen, kochen, planen und an den vergangenen Arbeitstag denken. Immer wieder ein verstohlener Blick zur Uhr, die sich unaufhaltsam weiter bewegt. Sekunde für Sekunde verstreicht, ohne dass man auch nur einmal an sich gedacht hat. Und wenn wir wirklich ein wenig Zeit für uns haben, setzen wir uns vor den neuen Flat-TV oder surfen im Internet um das neuste in Facebook zu lesen. Irgendwann werden wir müde und gehen ins Bett. Wäre es nicht besser den Abend mit seiner Liebsten vor einem Kamin zu verbringen? Ganz romantisch essen zu gehen? Einen Spaziergang in der Natur zu genießen? All das scheint nicht mehr interessant zu sein. Wir sind Teil einer Leistungsgesellschaft. Produktivität und der eigene soziale Stand sind die Eckpfeiler des Lebens. Wenn das wirklich alles wäre hätte unser Leben wenig Sinn. Wo bleiben wir mit unseren Sehnsüchten und dem Verlangen nach Liebe?

Die Uhr tickt weiter. Gerade war es noch Jahresanfang und schon sind wir im Juli angekommen. Was passiert da eigentlich mit uns? Erkennen wir das denn nicht? Schon wieder ist ein Tag vorbei und wir haben es nicht bemerkt. Meine Frau und ich fahren jeden Morgen zu unserer Arbeitsstelle und sind etwa 40 Minuten unterwegs. Immer wieder ertappen wir uns dabei, wie wir uns fragen, ob wir diese Zeit tatsächlich erlebt haben. Oft waren die Gedanken schon weit weg.

Die Entscheidung was wir tun liegt bei uns. Wir sind es, die unser Leben bestimmen und planen. Wir geben die Richtung vor. Es gibt also sehr wohl etwas in uns das stärker ist als Stress. Unsere innere Kraft. Und die gilt es zu aktivieren und zu stärken.

Die Zeit ist ein Produkt des Menschen. Man versucht Vergangenheit, Gegenwart und Zukunft zuzuordnen und möchte dem Ganzen ein logisches Bild geben. Da wir Menschen über ein Zeitgefühl verfügen, entwickeln wir auch spezifische Ängste, wie Angst vor dem Tod, Allein sein oder Phobien. Anhalten können wir sie nicht, aber zumindest etwas Wertvolles daraus schaffen. Und genau das müssen wir wieder lernen.

Wenn ich in Rente bin, werde ich mir erlauben mehr Zeit zu haben. Ja, ich denke dann nur noch an mich.

Vieles können wir jetzt schon tun. Wir sollten uns nicht so stark dem gesellschaftlichen Druck zur Perfektion aussetzen. Einfach die Zeit nehmen, die wir tatsächlich haben, um uns nahe zu sein und sie in Liebe, Glück und Zufriedenheit investieren.

Zeit (Frank Tuppek 2009)

Vergangenheit, Gegenwart und Zukunft.
Wo ist die Zeit geblieben?
Hier, jetzt und Morgen.
Was ist damit geschehen.

Wo ist die Zeit,
die sich mit dem Nichts beschäftigt.
Wer ist die Zeit, die ich nicht kenne.
Wer bin ich?
Was mach ich?

Komm mit und erfasse mich,
du Zeit der Freude, des Erkennens und der Trauer.
Wo ist dein Stachel?
Wer bist du?
Ich kenne dich nicht.

Nun lass mich ziehen.
Ich habe erkannt, wer du bist.
Du bist die Zeit, die mich nicht kennt.
Du bist die Zeit, die mir mein Leben nimmt.
Ich verlasse dich, denn ich lebe.

I. Sich selbst wieder kennen lernen

Lernen

Lernen ist der Grundstein dieses Buch. Mit lernen können wir unseren Horizont erweitern. Das Bedürfnis zu lernen hat erst mal nichts mit Intelligenz zu tun. Intelligenz zeigt an wie schnell ein Mensch Dinge erfassen und Zusammenhänge begreifen kann. Lernen ist gewinnbringend und befriedigend.

Denken wir mal an die Schulzeit oder Ausbildung zurück. Man bereitet sich auf Prüfungen vor und versucht immer neue Herausforderungen zu meistern. Es folgt der Schulabschluss, das Abitur oder wir sind ein Geselle in einem Handwerksberuf geworden. Die ersten Ziele sind erreicht. Nun kann man das erlangte Wissen unter Beweis stellen. Und doch ist es hier noch nicht zu Ende. Lernen begleitet uns das ganze Leben. Sei es im Beruf oder privaten Bereich. Aber von alleine geht das nicht. Das Buch lesen, sich hinsetzen, tief durchatmen und hoffen dass etwas passiert, wird nicht funktionieren. Es müssen dazu erst einige Voraussetzungen geschaffen werden. Lesen, verstehen und üben. Mehr bedarf es nicht. Nicht ganz: Wir müssen das gelernte noch umsetzen und in unseren Alltag integrieren.

Lernen ist mit Arbeit verbunden. Und schon schreckt mancher zurück und hat ganz plötzlich keine Zeit mehr. Aber dazu gehören wir zum Glück nicht, oder?

Auf der Suche

Unser ganzes Leben lang sind wir auf der Suche.
Gibt es da wirklich so viel zu finden?
Was suchen wir eigentlich?
Liebe, Anerkennung, Reichtum?
Immer scheint uns etwas zu fehlen und wir sind unzufrieden. Denken wir doch einmal nach, was wir da wirklich tun. Was wir suchen hängt mit unserer Persönlichkeit, der Erziehung und einigen anderen Faktoren zusammen. Aber bei aller Suche haben wir immer ein Ziel. Ein zufriedenes Leben. Stell dir vor, du hörst einfach auf zu suchen? Fehlt dir dann was?

Gerne denke ich an meine Lehrzeit zurück. Für mich war es immer klar einen praktischen Beruf zu erlernen. Im Büro sitzen konnte ich mir nicht vorstellen. Ich erlernte den Beruf des Feinmechanikers. Es war eine Lehre, die mir sehr viel Spaß gemacht hat. Man hat viel erlebt und noch mehr gelernt. Und doch stellte ich mir später die Frage, ob dies wirklich mein Traumberuf war.

Eine Vorstellung von etwas zu haben, ist noch nicht das Ziel. Sicherlich gibt es viele Menschen, bei denen genau dieses übereinstimmt. Bei mir leider nicht. Und so war ich wieder auf der Suche. Warum? Ich hatte eine Vorstellung was ich machen wollte, sowie den

Empfehlungen von anderen. Was ich tatsächlich fühlte, wusste ich damals noch nicht. Einen Job haben und Geld verdienen, das war oberste Priorität. Wie sieht es heute aus? Ist unser Erkennen gewachsen?
Nein, noch immer lassen wir uns von vielen Dingen und Aussagen beeinflussen, von Statistiken dirigieren. Natürlich solltest du dich informieren, wenn du ein Auto, ein Haus usw. kaufen möchtest. Denke mal ein wenig weiter. Es geht hierbei um viel wichtigere Dinge: Es geht um dein Leben. Was gibt es wertvolleres? Lasse dein Leben nicht von Eindrücken, Untersuchungen, Feststellungen und vielen weiteren Aspekten lenken. Erlebe jeden Moment deines Lebens in Achtsamkeit. Erlebe die Menschen um dich herum mit Mitgefühl und werde ein fühlender, nicht gesteuerter Mensch.

Umso mehr du suchst, umso größer werden deine Enttäuschungen sein, wenn du nichts findest. Was bringt es, alles Mögliche erreichen zu wollen, wenn du noch nicht mal weißt, wer du eigentlich bist? Vielleicht willst du werden, wie jemand, den du bewunderst? Weil es andere von dir verlangen? Und wo bist du? Es geht nicht darum anderen zu gefallen. Es geht darum, mit dir eins zu sein. Versuche von nun an mit diesen Aspekten im Hinterkopf Entscheidungen zu treffen.

Vor einigen Jahren war ich mit meiner Frau an der Nordsee auf Urlaub. Wir haben uns entschlossen eine Schiffsfahrt zu den Seehundbänken zu unternehmen. Vor uns saß ein etwa 30 jähriger Mann. Seine Begleitung war ein Handy. Er hatte keine Zeit, die Schönheiten der See zu betrachten. Bei ihm war das Handy der Angelpunkt aller seiner Aktivitäten. Fast zwei Stunden konnten wir das beobachten. Dann verschwand er ganz plötzlich mit dem Hinweis, dass dies doch eine tolle Fahrt gewesen wäre. Da saßen wir nun und überlegten, was er damit gemeint hatte. Wenn er damit glücklich ist, dann sei es so, war unsere Erkenntnis. Verstehen mussten wir das ja auch nicht. Viele Menschen jagen allem und nichts hinterher, und wissen selbst nicht warum. Ja, merken es nicht einmal. Was ist das Ziel? Anerkennung, Reichtum?

Sind die Bedürfnisse damit gestillt, und der Mensch zufrieden?

Ist das Ziel endlich erreicht, wird es wieder langweilig. Etwas Neues muss her. Die Spirale dreht sich weiter und alles geht von vorne los.

Wenn wir uns ein wenig Zeit nehmen und einmal in uns reinhorchen, werden wir erkennen, welch einen Blödsinn wir immer wieder verzapfen.

Suche (Frank Tuppek 2009)

Schau dir die Welt an.
Wie wunderbar ist sie gestaltet.
Möchtest du sie erleben?
Nein!

Sieh dir die Menschen an.
So einzigartig und verschieden.
Und doch alle Mensch.
Möchtest du sie erleben?
Nein!

Schaue dir die Tierwelt an.
Einzigartig und wunderbar.
Wild und doch so friedlich.
Möchtest du sie erleben?
Nein!

Siehst du den Baum und dessen Früchte?
Sie haben eine so schöne Farbe.
Möchtest du sie probieren?
Nein!

So sei es.
Du bist angekommen.
Du hast dich erkannt und weißt wer du bist.
Du bist daheim.

Wer bin ich?

Eine seltsame Frage und doch nicht so einfach zu beantworten. Vielleicht haben wir ähnliches auch schon von unserem Partner gehört. Vielleicht war eine Reaktion völlig anders, wie sie erwartet wurde. So kenne ich dich aber nicht, haben wir dann gehört. Das hätte ich aber von dir nicht gedacht usw. Wer kann schon von sich behaupten, dass er seinen Mitmenschen in allen Belangen kennt.

Wer bin ich? Das ist eine sehr wichtige Frage. Wenn man sich nicht richtig kennt, wie will man dann richtig leben? Die angenehmen Dinge des Lebens wollen wir natürlich erleben. Wenn es aber einmal nicht so gut geht, wenn wir zum Beispielkrank sind. Wie sieht es dann aus? Dann bedauern wir uns nach allen Regeln der Kunst. Wir sind in diesem Moment der ärmste Mensch auf Erden.

Menschen legen in sich feste Handlungs- und Interaktionsschemata an, um nicht jede Situation und jede einfließende Information neu analysieren zu müssen. Dies ist ein sehr effektives Mittel um Wissen zu akquirieren und zu aktivieren. Um allerdings individuelle Erlebnisse bewerten zu können, kann dies hinderlich sein, da wir neue Situationen pauschalisieren und sie nicht einfach erleben.

Wie unterscheidet sich unser neuer Partner/in, die Beziehung gegenüber unserer alten? Hier und da werden kleine Unterschiede festgestellt. Durch dieses Vergleichen wird unsere neue Beziehung gleich wieder eingestuft, katalogisiert. Und schon kann es passieren, dass es nicht funktioniert. Warum machen wir die Schubladen nicht leer und erleben alles so wie es wirklich ist.

Was haben wir nicht schon alles geschafft. Weltkriege entfacht, die Atombomben abgeworfen. Schuld sind aber immer die anderen. Wir machen ja nur kleine Fehler. Denken wir das wirklich? Wir wollen immer besser sein, wie die anderen. Mit mehr miteinander würde viele Konflikte erst gar nicht entstehen. Wir handeln nicht aus Instinkt. Wir denken, dass wir Recht haben. Wie schwer ist es Fehler zuzugeben. Ja ich habe einen Fehler gemacht. Bitte entschuldige und verzeih mir. Es ist doch eigentlich so einfach. In der zweiten Stufe sucht man nach Erklärungen und Ausreden für sein Fehlverhalten. Das können wir besonders gut.

Wir müssen lernen, wer wir sind, was wir tun. Nur dann ist es möglich unsere Schwächen und Fehler sofort zu realisieren. Dementsprechend wird unser Handeln sein.

Wer bin ich? (Frank Tuppek 2009)

Wer bin ich, der steht's durch die Welt irrt?
Verwirrt und ganz allein.
Ich kenne mich nicht, wer bin ich überhaupt?

Mein ganzes Leben ohne den Moment.
Ruhelos in meinen Gedanken,
rastlos ist der Geist.

Was mach ich nur,
erkenne das falsche und glaube ihm.
Erlebe und vergesse.

Fehler will ich erkennen,
keine Trauer über alle bringen
Mich erkennen ist der Sinn des Lebens.

Selbstvertrauen

Selbstvertrauen ist eine wichtige Eigenschaft in uns Menschen. Es hilft neue Herausforderungen einfacher annehmen zu können. Wir haben dadurch den Mut nicht über einen Misserfolg zu hadern sondern können mit viel Elan Neues angehen. Selbstvertrauen verleiht uns die notwendige Kraft. Sobald es nachlässt drängen sich Angst und Zweifel in den Vordergrund und dies führt zu Selbstzweifel.

Selbstvertrauen entspringt aus unserem Inneren. Es sorgt dafür, dass wir uns so annehmen können wie wir sind. Dies bedeutet, dass ein gesundes Selbstvertrauen in direkter Wechselwirkung mit unseren Fähigkeiten steht.

Verschieden Einflüsse können das Selbstvertrauen schwächen. Einige möchte ich hier nennen.

- Schuldzuweisung
- Kritik
- Ablehnung
- Konkurrenzkampf
- Enttäuschung
- Perfektionismus

Ist man mit einem oder mehreren dieser Aspekte konfrontiert wird es schon manchmal schwer einen klaren Kopf zu behalten. Mit solchen Einflussgrößen muss man bedacht umgehen. Wir müssen diese in Achtsamkeit betrachten um dann eine Entscheidung treffen zu können.

Selbstvertrauen bedeutet auch mal Nein sagen zu können. Wir können nicht immer alles auf einmal und zur Zufriedenheit anderer tun. Wo bleiben wir dann, wenn wir vor lauter Aufgaben langsam aber sicher untergehen

Menschen die nicht Nein sagen können, handeln aus der Angst heraus. Wir haben Angst wie unser Gegenüber reagieren könnte. Selbstvertrauen schützt und sorgt dafür, dass wir uns immer wieder vergegenwärtigen können, wer wir sind und was wir wollen, um ein glückliches Leben führen zu können.

Veränderungen

Veränderungen brauchen Zeit bis sie wachsen können, aber leider sind sie nicht immer erwünscht. Oft sind wir mit unserem Zustand zufrieden. Ja damit kann man doch leben. Also warum etwas verändern?

Sonne und Sonnenschein sind mit Glücksgefühlen verbunden. Wenn der Frühling für uns sein Tore öffnet, so ist dies Balsam für die Seele. Die Natur erwacht und mit ihr die Menschen. Ein glücklicher Mensch ist ein zufriedener Mensch. Dieses reflektiert er auch auf sein gesamtes Umfeld. Seine ganzes Handeln, seine ganzen Entscheidungen werden von diesem Gefühl geleitet.

Von Kindesbeinen an sind wir auf der Suche nach Liebe. Sie möchte gefunden, erlebt werden und ist ein wichtiger Bestandteil der gesamten Erziehung. Sicherlich gibt es auch viele Menschen, die lieblos aufwachsen mussten. Gerade sie sind besonders auf der Suche nach Liebe und Zuneigung. Oft sind diese Menschen nicht in der Lage normale Beziehungen mit anderen Mitmenschen

Zusätzlich existiert noch die Liebe zu uns selbst. Ich meine damit keinen Egoismus, obwohl man auf

davon ein wenig haben darf. Nimmt er allerdings überhand, kann unser Geist sehr schnell erblinden. Egoismus ist eine Maske des Geistes. Selbstliebe, das sind wir. Wir haben uns mit allen Fehlern und Schwächen angenommen. Wir brauchen uns nichts mehr vor zuspielen. Nicht mehr so tun als ob. Nein, dann sind wir selbst. Es spielt dabei keine Rolle, ob wir gerade unsere Stärken oder Schwächen durchleben. Wir sind immer ganz nah bei uns.
Selbstüberschätzung?
Nein, Erkenntnis.

Ein glückliches Herz, erzeugt keine betrübte Seele. Beides ist untrennbar miteinander verbunden. Wenn ein geliebter Mensch diese Erde verlassen muss, was ist dann mit unserem Herzen, unserer Seele? Sie leiden. Alles ist trübe und düster geworden. Man trauert. Allerdings kann man an diesem Zustand nichts mehr ändern. Warum trauern wir dann so lange? Die Leere in unserem Herzen können wir nicht rückgängig machen. Die Trauer unserer Seele nicht einfach vergessen. Das sollen und können wir auch nicht. Allerdings bringen uns die die Trauer und der Schmerz keinen Schritt weiter auf unserem Weg. Sie kann uns aber Erkenntnis und Weisheit bringen. Lernen wir also aus ihr. Sie ist nicht das Ende. Sie ist ein Neuanfang.

Lange hat man sich auf etwas vorbereitet. Geplant, vielleicht sein ganzes Leben umgestellt. Alles für ein bestimmtes Ziel. Viele Entbehrungen wurden in Kauf genommen. Dann kommt der entscheidende Zeitpunkt. Und der fällt für uns überhaupt nicht gut aus. All die Mühe war umsonst. Wie sieht es dann in unserem Herzen aus?
Sollten wir nicht lieber darüber nachdenken, ob es wirklich Sinn für uns macht, vielen und komplizierten Zielen hinterher zu eilen? Das ganze Leben davon abhängig machen?
Eines ist natürlich klar. Für Veränderungen müssen wir bereit sein. Nicht immer werden dabei unsere Wünsche in Erfüllung gehen. Es werden auch schmerzhafte Einschnitte in unserem Leben stattfinden.

Wir können sehr viel mehr an unserem Leben ändern und teilhaben, als wir vielleicht denken. Oft muss man nur ein wenig die Sichtweise ändern, um aus dem verbohrten Geist ausbrechen zu können. Wenn wir erkannt haben, dass Veränderungen notwendig sind fehlt uns meist noch die Entschlossenheit. Wir müssen innerlich bereit sein. Der Wille alleine reicht nicht aus. Sicherlich waren wir schon einmal in der Situation ob wir zur Arbeit gehen möchten oder nicht. Vielleicht haben wir die Nacht schlecht geschlafen oder am Vorabend ein schöne Feier gehabt. Schließlich haben wir uns doch entschlossen arbeiten zu gehen. Die ist der Unterschied zwischen wollen und Entschlossenheit.

Geduld

Man setzt sich ein Ziel, welches nun auch zu erreichen gilt.
Wir werden planen, damit alles wie gewollt funktioniert. Natürlich versperren uns einige Probleme die Sicht.
Das Ziel verschwimmt.
Was nun?
Was kann ich besser machen?
Wie komme ich schneller dorthin?
Wir werden ungeduldig, der Weg dauert uns zu lange. Unzufriedenheit breitet sich aus. Ungeduld stellt vieles in Frage und verursacht viele Fehlentscheidungen.

Geduld ist eine wunderbare Tugend. Geduld bringt uns Sicherheit für anstehende Entscheidungen und sorgt dafür, dass wir wieder klar denken können. Geduld ist die Fähigkeit auch mal etwas länger zu warten.

Was ist, wenn uns eine Krankheit an das Bett fesselt und wir unserer normalen Arbeit nicht mehr nachkommen können? Solange es uns richtig schlecht geht leiden wir. Mit einer Besserung kommt sehr oft auch die Ungeduld ins Spiel. Ungeduld die manchmal auch zu Dummheit neigt. Man richtet sich nicht mehr nach Ärztlichen Ratschlägen. Der Gedanke, es geht mir ja schon viel besser, überdeckt die Vernunft.

Geduld bedeutet auch Erkenntnis zu haben. Zu wissen, dass bestimmte Entscheidungen gut tun. Erkennen wir den Zusammenhang?

Zuhören können

Kommunikation ist ein Aspekt, der im menschlichen Leben eine wichtige Rolle spielt. Und doch ist ein wirkliches miteinander sprechen oft so schwer. Man hat das Zuhören mit dem Herzen verlernt. Die Fertigkeiten des mitfühlenden Zuhörens können nur auf einen Charakter aufgebaut werden, der Offenheit ausstrahlt und Vertrauen erweckt. Wenn wir versuchen wirklich einander zu verstehen, öffnen sich Herzen. Erst dann können wir uns von dem starren Schubladendenken zu lösen.

Es gibt zu diesem Thema auch ein kleines Märchen:
Es war einmal ein sehr kranker Kaiser, der im Sterben lag. Dieser hatte drei Söhne. Eines Tages rief er sie zu sich. „Ihr wisst, dass ich im Sterben liege, aber es gibt noch eine Möglichkeit mich zu retten", sprach er zu ihnen. Es gibt in einem fernen Land eine Quelle, dessen Wasser mich heilen kann. Wer diese Quelle findet, bekommt den Thron". Das war natürlich ein großer Anreiz für die drei Prinzen. Und so machte sich jeder für eine lange Reise bereit.
Der erste Prinz machte sich auf den Weg und begegnete unterwegs einem kleinen runzligen Zwerg. Dieser fragte ihn, wohin er des Weges wolle. „Was willst du runzliger Zwerg von mir? Lass mich vorbei, denn ich habe es eilig". Mehr sagte der Prinz nicht

und ritt weiter. Du wirst schon sehen, was du davon hast, dachte der Zwerg. So war es auch. Der Prinz verirrte sich in den Bergen und ward nie wieder gesehen. So machte sich der zweite Prinz auf den Weg. Auch er begegnete dem Zwerg und wies ihn mit einem argwöhnischen lächeln ab.

Auch der zweite Prinz ward bis zum heutigen Tage verschollen. Also machte sich der dritte Prinz auf den Weg, um das Wasser des Lebens zu finden. Auch er begegnete dem kleinen Zwerg. Der Prinz hielt sein Pferd an und setzte sich zu ihm. Der Zwerg fragte ihn wohin er denn wolle. Und so erzählte der Prinz seine ganze Geschichte und fragte den Zwerg, ob er ihm helfen könne. „Natürlich kann ich das", erwiderte der Zwerg und erklärte dem Prinzen den Weg. Dieser folgte den Anweisungen und fand die Quelle. Er füllte seine Flasche mit dem Wasser und ritt so schnell er konnte zu seinem Vater und rettete ihm so das Leben. Wenn sie nicht gestorben sind, dann leben sie noch heute.

Eine kleine Geschichte mit doch so großem Inhalt: Sich Zeit nehmen und zuhören. Das öffnet die Tore zur Welt.

Mitgefühl

Mitgefühl ist kein Mitleid. Was ist das doch für ein armer Mensch, zum Glück geht es mir besser, oder ich bin besser als der andere. Wie einfältig. Du bist nur anders. Lerne deine Liebe, dein Mitgefühl zu erkennen und zu leben. Es wird in dir einen wunderbaren Wandel vollziehen. Hilf, wenn du siehst, dass der andere dich braucht. Du wirst sehen, welche Freude dein Herz erfahren wird.

Mitgefühl kann eine wunderbare Verbindung zu unseren Mitmenschen schaffen. Es zeugt von inniger, geistiger Reife. Sie wächst und wird umso größer, je näher du deinem Selbst kommst. Du wirst es erleben. Du musst dich bloß darauf einlassen.

Wie oft waren wir über einen Mitmenschen verärgert. Verärgert über Taten und Dinge, die nicht mit unserer Meinung im Einklang standen. Sind sie deswegen falsch?

Das Streben nach Reichtum und Macht. Ich bin, ich muss. Da spricht der typische Egozentriker, der das Leben immer noch nicht verstanden hat. Gehörst du auch dazu?

Natürlich muss ein jeder für sein Leben sorgen. Er hat vielleicht Familie, ein kleines schönes Häuschen, ein Auto.
Sicherlich gehört das zu einem geregelten Leben dazu. Aber es gibt noch jene, die auf der Straße wohnen und sich ihr Essen in den Mülltonnen zusammen suchen müssen.
Denken wir an diese Menschen auch einmal?

Wer möchte nicht geliebt werden? Einen Partner haben, der zu einem steht, der einem alles von den Augen abliest und immer für einen da ist. Wenn du glücklich werden willst, musst du dich auch mal mit deinem Partner streiten (es darf ruhig mal richtig krachen), ihr müsst ab und zu geben. Wir müssen uns anpassen um dem anderen zu gefallen. Ist das wirklich so? Können wir dann noch glücklich sein?

Versuche doch einmal deinen Partner zu sehen, wie er wirklich ist. Nicht besonders auf seine Schwächen zu achten, sondern ihn einfach nur zu lieben. Nimm ihn so an, wie er ist.

Beobachte dich, wenn du dich über jemanden ärgerst.
Stell dir die Frage: „Warum ist das so, wo liegt der Grund, ist das wirklich notwendig"?

Wenn du in Achtsamkeit lebst, wirst du in der Lage sein, Probleme schon im Keim zu ersticken bevor sie auftauchen. Du brauchst deinen Ärger nicht mehr zwischen zu lagern, in eine Schublade zu stecken, um ihn dann irgendwann wieder hervorholen zu können.

Endlich bist du in der Lage über deine angeblichen Schwächen und Unvollkommenheiten hinweg zu sehen.
Je näher du deinem Selbst bist, desto mehr wirst du Liebe und Güte auf deinen Partner und deine Mitmenschen reflektieren. Sie werden die Veränderungen in dir spüren und erleben. Das wichtigste aber ist, dass deine Erkenntnis und dein Mitgefühl wachsen. Du wirst immer mehr zu deinem persönlichen Ruhepol werden.

Dankbarkeit

Gerne denke ich an mein erstes Meditationsseminar zurück. Langsam und zögernd kamen die ersten Teilnehmer in den Raum. Man setzte sich auf den Boden und stellte sich vor. Ganz langsam taute man auf, ließ ein wenig in sich blicken. Im Laufe der nächsten Wochen zeigte die Meditation ihre Wirkung. Offenheit, Liebe und Mitgefühl prägten, die mittlerweile viel zu kurzen Seminarstunden. Stunden, die ich nicht mehr missen möchte, die auch mein Leben beeinflusst haben. Ich empfinde Dankbarkeit, in der Liebe und Mitgefühl schwingen. Ich danke Euch dafür.

Nicht immer ist es so einfach Dankbarkeit zu zeigen. Oft sehen wir Handlungen als selbstverständlich an. Wir sind doch schließlich etwas, stellen etwas dar. Wann haben wir das letzte Mal Mutter und Vater dafür gedankt, dass sie da sind? Was sie alles für uns getan haben?

Eine Seminarteilnehmerin erzählte von Ihren Problemen mit einer Arbeitskollegin. Man ging im Streit auseinander. Jede dachte, sie sei im Recht. Sie ging mit diesem Problem in die Meditation und erkannte, dass es bei diesem Konflikt nur darum ging, seine persönliche Stärke zu demonstrieren, statt dem anderen zu helfen. Danach entschuldigte sie sich bei ihrer Arbeitskollegin für ihr Verhalten. Beide erkannten, dass sie völlig falsch reagiert hatten. Tun wir dies auch einmal. Gehen wir mit unserem Problem in die Meditation und betrachten es rundherum in Achtsamkeit. Vieles wird sich auflösen. Wir werden erstaunt sein, wie sinnlos mancher Ärger ist.

Aus solchem Erleben entspringt die Dankbarkeit. Ja ich habe nun auch meinen Fehler erkannt. Haben wir dem Zusteller schon dafür gedankt, dass die Morgenzeitung immer pünktlich im Briefkasten liegt? Dass die Bäckerei uns die Brötchen backt? Es gibt so viele Dinge in unserem Leben, denen wir Dankbarkeit zollen können. Leider ist vieles für uns zur Selbstverständlichkeit geworden. Genau das sollten wir wieder ändern. Dankbarkeit ist ein wunderbares Mittel um Mitgefühl zu zeigen. Warum machen wir es uns immer so schwer? Dankbar können wir auch in schweren Zeiten sein. Nicht nur, wenn es uns gut geht. Versuchen wir das mal.

Enden möchte ich dieses Kapitel mit einem kleinen asiatischen Märchen.

Es lebte einmal ein armer Mönch außerhalb eines kleinen Dorfes. Seine Wohnung war klein und bescheiden, reichte ihm aber völlig aus. Er lebte vom

Betteln und kam immer gerade so über die Runden, ohne zu hungern. Langsam wurde es Winter. Eines Tages klopfte es plötzlich an seiner Tür. Er wunderte sich sehr, da ihn doch sonst niemand besuchte. Er öffnete sie. Draußen stand bibbernd ein kleiner Fuchs und bat um Einlass. Der Mönch war ein wenig verwundert. Der Fuchs erzählte, dass er seinen Bau verloren habe und durch den vielen Schnee und der Kälte kaum etwas zu fressen fand. Der Mönch ließ ihn hinein, gab ihm einen Platz an seinem Ofen und teilte mit dem Fuchs das wenige Essen, was er noch hatte. Das ging den ganzen Winter so. Als die Schneeschmelze begann, bedankte und verabschiedete sich der Fuchs. Das ging so über drei Jahre. Immer wenn die Winterszeit kam, stand der Fuchs vor der Tür. Mittlerweile freute sich der Mönch auch über diese Gesellschaft und beide wurden gute Freunde. Eines Tages fragte ihn der Fuchs, was er ihm Gutes als Dank tun könne. Der Mönch war glücklich mit dem was er besaß. Er brauche nichts mehr, so seine Antwort. Allerdings, obwohl dieser Gedanke weltlich und einfältig war, würde er ganz gerne eine etwas größere Stube haben. Die aber koste drei Goldstücke und sei so unerschwinglich. Und so kam wieder der Frühling und der Fuchs verschwand. In den nächsten drei Winterjahren wartete der Mönch vergebens auf den Fuchs. Langsam bekam er Angst, dass ihm etwas zugestoßen sei. Ein Jahr später klopfte es wieder an seiner Tür und der Fuchs stand davor. Man redete und freute sich das man wieder aneinander hatte. „Aber wo warst du die letzten drei Jahre?", fragte ihn der Mönch. Dieser antwortete ihm, dass er unbedingt die drei Goldstücke verdienen wollte. Und so war er auf der Wanderschaft und suchte überall Arbeit, bis er sich diese verdient hatte und überreichte dem Mönch die Goldstücke. Der Mönch weinte vor Freude und der Fuchs gleich mit. Ich danke dir von ganzem Herzen, sagte der Mönch. Und so konnte er sich ein etwas größeres Zimmer leisten und der Fuchs bekam auch sein eigens Zimmerchen. Aus Dankbarkeit wurde eine unerschütterliche Freundschaft.

Dankbarkeit (Frank Tuppek 2009)

Jetzt, wo ich hier stehe,
und höre die Musik des Herzens,
die Melodie der Seele.
Erlebe ich die Macht der Klänge
und erfahre des Herzens Gefühl.

Sehe das Licht, dass erstrahlt in der Melodie,
fühle das pochende Herz,
und erlebe die Liebe.
Spürst du das Singen der Seele?

Liebe, wie sie ist und war.
Jenes köstliche Geschenk, was uns verbindet.
So frage ich nicht, woher du kommst.
Frage nicht wohin du gehst.
Du bist mein und gehörst zu mir,
dafür danke ich dir.

Loslassen

Zuerst möchte ich eine traurige Geschichte erzählen. Ich kenne eine liebenswerte Frau, die schon einige Jahre verheiratet war und mit ihrem Mann einen Sohn hatte. Eines Tages bekam der Mann eine Hirnblutung mit großen einschneidenden Folgen. Vieles, was er in seinem Leben gelernt hatte, verschwand unwiderruflich. Seine Frau und sein Sohn halfen ihm, das Vergessene wieder zu erlernen. Es war ein langer und harter Weg. Aber die Liebe und das Mitgefühl waren es, was half, diesen Weg so zu beschreiten. Und tatsächlich machte dieser Mann immer größere Fortschritte. Er lernte Schritt für Schritt wieder verloren gegangenes. Leider änderte sich im Laufe der Zeit sein Wesen. Er wurde unzufriedener, konnte mit seinen Gefühlen nicht umgehen, und wurde ungerecht und bösartig zu seiner Frau. Dies wurde immer schlimmer, weswegen eine Trennung unabdingbar war. So geschah es dann auch. Die Frau zog mit dem gemeinsamen Sohn aus und versuchte ein neues Leben anzufangen. Und trotz alledem, vergaß sie ihren Mann nicht. Sie unterstütze ihn nach wie vor, welcher es ihr aber aus fehlender Erkenntnis nicht dankte. Im Gegenteil, die Spannungen wurden immer schlimmer. Alle zwei Wochen durfte der gemeinsame Sohn zu seinem Vater. Von einem dieser Besuche, kehrte der Sohn

nicht mehr zurück. Der Vater nahm ihn mit in den Tod. Kurz zuvor durfte der Sohn noch einmal mit seiner Mutter telefonieren. „Mama bitte hole mich, ich habe Angst", waren die letzten Worte, die die Mutter von ihrem Sohn hörte.
Die Mutter hat nichts falsch gemacht, hat Mitgefühl und Liebe geschenkt. War immer für ihren Mann da und trotzdem nahm er ihr alles. Mittlerweile geht sie ihren Weg und hat auch einen neuen Partner kennen gelernt.

Viele von uns mussten Schlimmes erleben. Ich selbst habe meinen Bruder vor vielen Jahren durch einen Suizid verloren. Ich fragte lange Zeit nach dem warum? Habe ich etwas falsch gemacht? Was hätte ich tun, was ändern können?
Nein, diese Fragen machen heute keinen Sinn mehr. Die Vergangenheit ist eine abgeschlossene Zeiteinheit. Sie ist nicht änderbar und nicht beeinflussbar. Dies müssen wir begreifen und akzeptieren. Darauf kommt es an.

Was den Mann dazu trieb, seinen Sohn mit in den Tod zu nehmen, warum sich mein Bruder selbst getötet hat, das ist nicht mehr wichtig. Die Menschen, die wir verloren haben, leben in unserem Herzen weiter. Sie sind immer bei uns. Das ist jetzt, das ist die Gegenwart. Trotz Schmerz und Trauer müssen wir aber unseren heutigen Weg erkennen. Unser Leben im Hier und Jetzt. Jeder kann es.

Es geht nicht nur um schmerzliche Erlebnisse. Nicht loslassen können ist ein allgemeines Problem, was uns immer wieder im Wege steht. Warum wollen wir immer alles festhalten solange es geht? Festhalten bedeutet Stillstand. Loslassen heißt Leben. Das ist doch relativ einfach, oder? Der Moment ist wichtig. Diesen Moment erkennen und erleben. Jeder steckt sich mitunter Ziele. Um diese Ziele zu erreichen, setzt man viele Aktionen in Gang. Oft wird daraus eine Engstirnigkeit, weil man nicht loslassen kann. Wir beharren auf einer Strategie.
Nicht die Ziele sind es, die uns weiter bringen. Wir sind die, die loslassen können, um das Ziel zu erreichen. Wir müssen weg von dem starren, geradlinigen Denken. Öffnen wir uns und erleben alles, was damit zusammenhängt. Erst dann wird es für uns einfacher, Dinge schneller und effektiver zu erreichen. Wenn wir es nicht schaffen mit der Vergangenheit abzuschließen, so werden wir immer Probleme haben, die Gegenwart so zu sehen, wie sie ist. Das bedeutet aber auch, dass wir sie nicht leben können. Bedeckt durch Erlebnisse, verschleiert durch unseren Verstand, verpassen wir regelrecht unser Leben und merken es nicht einmal. Sicherlich wollen wir ein wundervolles Leben führen. Vielleicht ein

Leben in Prunk und Macht. Vielleicht aber auch ein Leben in Liebe und Demut. Ein Leben ohne Trauer und Enttäuschungen gibt es nicht. Wir aber können davon lernen und unsere Weisheit lehren. Wir müssen erkennen, dass wir in vielen Dingen nur dem Weltlichen hinterher rennen. Vielleicht schauen wir auch auf andere und nehmen sie uns als Vorbild. Und genau bei dieser Jagd nach dem Ruhm, vergessen wir uns und die Gegenwart. Hier gilt es daran zu arbeiten und jede Sekunde unseres Lebens in Achtsamkeit zu erkennen. Spürst du nun den Reichtum, den du schon immer hattest? Spürst du die Liebe, die schon immer in dir war? Ja, du bist bereits vollkommen. Du hast es bloß noch nicht erkannt.

Liebe

Ich kenne meine Frau seit mehr als 20 Jahre und bin mit ihr glücklich verheiratet. Wir haben uns viel Zeit gelassen. Jeder dem anderen. Keiner hat etwas Unmögliches vom anderen verlangt. Unser Rezept für das glücklich sein ist relativ einfach. Nimm deinen Partner mit Mitgefühl und Demut an, dann wird die Liebe unbeschreiblich werden. So leicht, wie es klingt, ist es auch. Leider wollen viele Ihren Partner nach den eigenen Wünschen formen. Dies wird immer für Unzufriedenheit und Ärger sorgen. Wozu soll das gut sein? Was bedeutet dann für mich, Ich liebe Dich! Das wäre ein Satz ohne Bedeutung. Ohne Sinn. Wenn ich nicht ohne Vorbehalte lieben kann, mache ich etwas falsch. Ich werde meinen Partner nie richtig kennenlernen, weil er nicht so ist, wie ich das möchte. Das ist ein zweischneidiges Schwert. Liebe ist etwas Wunderbares aber wir wollen sie mit unserem Ego nach Belieben verändern. Erlebe die Liebe in jedem Moment deines Lebens. Nur das schenkt Freude.

Ich denke oft an Menschen zurück, die ich geliebt habe und die leider vor langer Zeit verstorben sind. Habe ich ihnen oft genug gesagt, wie sehr ich sie liebe? Habe ich sie das oft genug spüren lassen? Oft lernen wir den Wert der Liebe erst dann kennen, wenn der geliebte Mensch nicht mehr bei uns ist. Das sollten wir ändern.

Ich freue mich immer, wenn ich kleine Kinder sehe. Sie sind, wie sie sind. Langsam wachsen sie heran. Werden älter und erwachsen. Vieles geht dabei verloren: Die Ehrlichkeit der Seele gibt es nicht mehr. Sie musste dem Abbild der eigenen Vorstellungen weichen. Wo sind die Reinheit und die Wahrheit im Leuchten der Augen geblieben?

Es gibt Menschen mit denen wir Probleme haben, weil sie nicht unseren Vorstellungen entsprechen. Aber trotzdem sollten wir versuchen mit ihnen auszukommen und einfach mal unser Schubladendenken abschalten, keine Vergleiche ziehen. Das ist nicht immer einfach, aber wenn wir es schaffen den anderen mit Mitgefühl und Toleranz zu sehen wie er ist, werden wir wesentlich weniger Probleme haben. Ich sage nicht dass du ab morgen jeden lieben sollst. Darum geht es nicht.

Liebe (Frank Tuppek 2009)

Es war jene Zeit, die uns beglückt.
Jene Zeit, die uns entzückt.
Und doch, wo waren wir?

So sind es steht's die Gedanken, die uns verwirren.
Warum sind wir hier, wo wir sind?
Wer zeigt uns den Weg der Welt?
Wer sind wir?

Nein, nicht die Welt ist's, die uns beglückt.
Die Liebe ist's, die uns entzückt.
Sie ist es, die uns belebt und Erkenntnis schenkt.
Nimm sie, denn sie ist dein Geschenk.

Drum erlebe und bewahre sie.
Halte sie stets in deinem Herzen.
Erkenne die Bedeutung und fühle ihre wärme.
Verteile sie an die Welt und erlebe das Glück.

Licht und Dunkel

Ich denke gerne an meine Abschlussprüfung des Entspannungspädagogen zurück. Stress und dessen Auswirkungen auf den Menschen, verschiedene Entspannungsmethoden und vieles mehr gehörten zum Inhalt. Viele Tage vorher lernte ich wie ein Weltmeister um den Anforderungen gerecht zu werden. Die Nervosität wurde stärker umso näher die Prüfung rückte. Man machte sich alle möglichen Gedanken. Was ist, wenn ich nicht bestehe? Viele Steine meinte man aus dem Weg räumen zu müssen. Die Fröhlichkeit wich, die Angst kam. Dann kam der Prüfungstag. Kurz vorher meditierte ich noch einmal. Und da wurde mir klar, dass die ganze Angst, die Furcht, die ich empfand, nur Gedankengut meines Egos waren. Sie sorgten für eine Unsicherheit, die seines Gleichen suchte. Ja, ich erkannte es und konnte mit einer ganz anderen Einstellung in die Prüfung gehen. Ich erlebte sie im Moment. Buchstabe für Buchstabe. Es war nicht mehr schwer, ich hatte doch alles gelernt. Die Prüfung ist sehr gut gelaufen. Und dann ging die Sonne wieder auf. Man freute sich und hätte die ganze Welt umarmen können. Das Licht nach dem dunkel war wieder da. Nein, es war immer da. Ich sah es bloß nicht.

Jeder von uns erlebte ähnliches und musste durch

dieses dunkle Tal der Angst gehen. Das ist aber nicht notwendig. Sie kommt nur auf weil wir uns nicht richtig kennen. Unser Ich ist ein perfekter Illusionist. Unser Ego ist eine riesen Bremse in unserem Leben. Beides zusammen die perfekte Lebenslüge. Wenn diese Hürden aber überwunden sind, wir erkannt haben, dass das eigentliche Leben im Moment stattfindet, dann haben wir es geschafft.

Wie geht es uns denn, wenn wir krank sind? Fühlen wir uns dann nicht manchmal so schlecht, als wären wir der Ärmste Mensch auf der Erde? Das Umfeld wird vergessen und wir bedauern uns den ganzen Tag. Eine tolle Sache, oder? Ist es nicht schön, wenn wir in Selbstmitleid zerfließen? Ich muss noch einmal an den alten Mann erinnern, der schon seit vielen Jahren mit Flugzeugen in den Ohren leben musste. Er zerfloss nicht vor Selbstmitleid. Er hatte sich mit seinem Leiden arrangiert und betrachtete es als gegeben. Es kann so einfach sein.

Ich muss auch an eine alte und wunderbare Dame zurückdenken, die leider nicht mehr lebt. Sie war schwer krebskrank. Ich durfte sie bis zu ihrem Tode begleiten. Die meiste Zeit über tröstete sie mich und schenkte mir Kraft. „Ja, ich bin schwer krank und werde das Krankenhaus nicht mehr verlassen und habe Schmerzen, die mich fast besinnungslos machen". Und doch ist das Leben liebenswert. Ich hatte ein wunderbares Leben. Das Leben hat mir viel geschenkt. Und dass alles soll ich mir jetzt durch die Schmerzen, durch meine Krankheit zerstören lassen? Noch lebe ich, und ich werde jeden Moment davon genießen. Das bekam ich beim ersten Besuch zu hören. Was nutzt dem kranken Menschen Mitleid? Genau diese Lektion bekam ich. Mitgefühl ist es was stützt und Trost schenkt. Mitleid verhindert das Mitfühlen.

So erleben wir viel Licht und Dunkel in unserem Leben. Wenn wir alles versuchen bewusst zu erkennen, dann können wir ganz viel Kraft aus dem Erlebten schöpfen.

Licht und Dunkel (Frank Tuppek 2009)

Blind wandere ich durch das Erdental.
Die Augen offen, und doch sehen sie nichts.
Der Geist geöffnet, und doch erkennt er nichts.

Was ist nur los mit mir?
Was ist mein Weg, wo führt er hin?
Ich weiß nicht wer und wo ich bin.

Das soll das Leben sein?
Ist das wirklich schon alles?
Blind vom Ego und taub im Geist?

Nein, das nehme ich so nicht an.
Ich bin hier im Jetzt.
Und freue mich an des Herzens Klarheit.

So siehst du das fallende Blatt von beiden Seiten?
Fühlst den Lichtstrahl in deinem Herzen,
und erlebst dessen unendliche Weisheit?

Meine Augen sind offen und erleben die Welt,
Mein Geist ist Weise und erkennt das Sein.
Ich lebe!

Freude und Gefühle

Zu vielen Dingen haben wir eine Beziehung. Dabei geht es nicht nur um unseren Partner. Manche lieben ihr Auto, das Haus und vieles mehr. Auch daran kann das Herz hängen. Ja sicherlich sollen wir uns auch des Lebens freuen. Betrachten wir diese Freude einmal genauer. Die Freude über das neue Auto wird bald abgeflacht sein. Sie wird immer weniger, bis alles zur Selbstverständlichkeit geworden ist. So ist es leider mit vielen Begebenheiten in unserem Leben. Besonders schön ist es natürlich, wenn alle unsere Wünsche in Erfüllung gehen. Unser Leben muss unseren Vorstellungen entsprechen. Dann erleben wir Freude und fühlen uns wohl.

Denken wir doch mal an unsere erste Liebe zurück. Man begegnet sich, und bekommt Schmetterlinge im Bauch. Unsere Gefühle melden sich und wollen befriedigt werden. Man verbringt wunderschöne Zeiten miteinander. Ganz langsam schleicht sich dann die Gewohnheit ein. Plötzlich hat man Zeit, genauer über vieles nach zu denken. Vielleicht merkt man, dass unser Partner gar nicht mehr so richtig unseren Vorstellungen entspricht. All das kann die innere Unzufriedenheit noch verstärken. Ja, diese Handlungsweise liegt in uns. Allerdings ist es unsere Sache, diese Blindheit abzustellen.

Freude und Gefühle darf man unverfälscht erleben, Liebe in seiner höchsten Reinheit erkennen. Versuche dies einmal mit jemand, den du nicht so magst. Blende deine Vorstellungen aus, wie jemand sein muss um dir zu gefallen aus. Was erkennst du?

Dem anderen Helfen

Stellen wir uns einmal einen bevorstehenden Umzug vor. Die Planungsphase ist abgeschlossen. Man weiß wo die Möbel in der neuen Wohnung stehen sollen und die ersten Kisten sind gepackt. Was eigentlich nur noch fehlt sind Freunde oder Bekannte die beim Umzug helfen sollen. Man wird den einen oder anderen Fragen ob er Zeit hat zu helfen. Und in den meisten Fällen bekommt man auch eine positive Antwort.

Als ich das erste Mal in Prag war und vor der U-Bahn stand, wusste ich absolut nicht, was denn nun zu tun sei. Ein älterer Mann, der auch noch recht gut Deutsch sprach, erklärte mir, dass ganze Fahrtgeschehen in aller Ruhe. Und schon konnte auch der Mann vom Lande mit der U-Bahn fahren.

Wie sieht es bei uns aus? Wie hilfsbereit sind wir? Sehen wir es, wenn jemand Hilfe benötigt? Sehen wir manchmal darüber hinweg, weil uns vielleicht das Gesicht nicht gefällt? Weil wir im Moment keine Zeit, oder keine Lust haben oder sind wir große Künstler im Ausreden finden?

Jeder kommt einmal in eine Situation, in der er Hilfe benötigt. Denken wir immer daran. Auch wir freuen uns über die Hilfe anderer, wenn wir nicht weiter wissen.

Ehrlichkeit

Ich glaube, dass jeder von uns schon einmal gelogen hat. Vielleicht war es auch nur eine Notlüge? Nein, die gibt es nicht. Es gibt nur die Ehrlichkeit und die Lüge. Ehrlichkeit bezieht sich nicht nur auf andere. Nein, sie ist auch ganz wichtig für uns persönlich. Bist du immer ehrlich zu dir? Machst du dir manchmal etwas vor? Versuchst dir eigene Fehler selbst zu erklären, zu entschuldigen? Das wäre schlimm. Aber dies kannst du ja jederzeit ändern.

Ehrlichkeit bestimmt das ganze Leben. Sie ist wichtig für die soziale Stellung zu den Mitmenschen. Und doch scheint sie nicht jeder ernst zu nehmen.

Ehrlichkeit und Natürlichkeit sind wunderbare Eigenschaften. Sie erzählen dem Mitmenschen, wer man wirklich ist. Wichtiger noch, man weiß immer, wer man selber ist. Das reflektiert natürlich auf das Umfeld. Niemand muss sich verstecken. Sei ehrlich zu dir. Jeder Mensch ist etwas Wunderbares und Liebenswertes.

Übe Ehrlichkeit täglich in allem was du tust. Beobachte dich, wie du mit ihr umgehst. Du wirst sehen, welche Wirkung sie in deinem Leben haben wird. Es ist nicht nur ein Wort.

Das Heute für Morgen erleben

Unsere Vergangenheit prägt die Gegenwart. Unsere Identität wird durch Erziehung, soziales Umfeld und Erlebnisse geprägt.
Viel Erlebtes behindert aber auch unsere Sicht im Jetzt. Es blockiert unser Leben, unsere Gedanken und verhindert die Weiterentwicklung unseres Selbst. Dimensionslos bewegen wir uns in unseren Träumen, vergraben uns im Selbstmitleid.

Stellen wir uns einmal folgendes vor. Vor vielen Jahren hatten wir einen furchtbaren Streit mit einem gutem Freund oder Freundin. Er war so heftig, dass wir in Groll auseinander gingen. Man verlor sich aus den Augen und dem Sinn. Irgendwann bricht die Situation wieder hoch und der Ärger besteht immer noch.
Warum ist das so? Wissen wir heute noch, warum man sich damals so gestritten hat? War es das wirklich wert?

So kann man mit einigen Fragen doch so manches bewirken. Schnell werden wir erkennen, warum es so weit kam. Jeder hatte seine feste Meinung. Keiner dachte auch nur eine Sekunde darüber nach, ob die denn auch richtig sei. Das Ego war einfach zu stark. Davon abgesehen ist viel Zeit vergangen. Spüren wir

den Ärger noch? Nein, wir holen ihn nur aus unserer Schublade. So machen wir es mit vielen Dingen, die wir einfach nicht loslassen wollen, weil sie ja so wichtig sind. Wenn wir das aber schaffen, werden wir erkennen, wie dumm wir eigentlich waren. Das Leben kann so schön sein, wenn wir es erkennen.
Dieser Faden zieht sich auch im Hier und Jetzt weiter. In Achtsamkeit den Moment erleben haben wir gelernt. Das ist wichtig. Den Moment beobachten, nicht bewerten, verurteilen oder katalogisieren. Wir sollen ihn erleben und uns daran erfreuen. Er kann uns auch Schmerzen bereiten, keine Frage. Unsere Aufgabe besteht nur im Beobachten. Das ist alles.

So paradox dies auch klingen mag: Wir sind uns fremd geworden und das in vielerlei Hinsicht. Wann haben wir unserem Körper das letzte Mal zugehört, was er uns zu sagen hat? Dabei gibt er uns so oft Signale. Signale, die wir aber nicht erkennen oder erkennen wollen. Dabei hätte uns das Erkennen schon so oft helfen können, richtig zu agieren. Irgendwann reicht es unserem Körper und er zwingt uns mit aller Macht in die Knie.

Im Jahr 2008 verlor ich einen sehr guten Freund.
Über 35 Jahren durften wir eine wunderbare Freundschaft pflegen. Ganz plötzlich verstarb er im

Alter von 46 Jahren an einen Herzinfarkt. Er könnte heute noch leben, wenn er auf seinen Körper gehört hätte.

Man nimmt hier und da eine Veränderung war, die einem schon seltsam vorkommen. Es kann sogar passieren, dass die körperliche Leistungsfähigkeit eingeschränkt ist. Aber da alles schnell wieder in Ordnung ist, nimmt man es nicht weiter zur Kenntnis. Warum auch? Es geht ja wieder. Und schon hat man alles wieder vergessen. Bis dann eines Tages die Abrechnung kommt. Und plötzlich erinnern wir uns an das Vergangene. Warum nur so spät?

Erfahrung und Weisheit

Erfahrungen und Weisheit können doch nur ältere Menschen haben, wirst du jetzt denken. Nein, das glaube ich nicht. Jeder ist dazu fähig.
Unser ganzes Leben besteht aus Erfahrungen und der daraus hoffentlich resultierenden Weisheit. Natürlich gibt es auch Menschen, die immer wieder denselben Fehler machen, ohne daraus zu lernen. Das wäre schade und vergeudete Zeit.

Als kleiner Junge dachte ich oft, dass ich die Weisheit mit dem Löffel gefressen hätte. Man hatte in der Schule etwas Neues gelernt, seine eigenen Interpretationen hinzugefügt. Und schon war man der Schlauberger. Doch man wurde eines besseren belehrt. Ich erinnere mich noch gerne an die Zeit zurück, in der ich die Fahrschule besuchte. Man lernte für die Prüfungsfragen und hatte seine Fahrstunden. Ja, das war schon eine spannende Zeit. Man bestand die Prüfung und hatte den Führerschein in seinen Händen. Natürlich musste man ja jetzt beweisen, dass man ein toller Kerl ist und super Autofahren kann. Und das alles, obwohl man seinen Führerschein erst ein paar Wochen hatte. Erfahrung? War noch keine vorhanden. Und trotzdem versuchte man den Anschein zu erwecken. Es ging so lange gut, bis der Graben zum Umdenken riet. Und plötzlich war sie da, die Erfahrung.

Erfahrung und Weisheit gehören zusammen. Normalerweise sollte man aus seinen Erfahrungen lernen etwas besser zu machen, wenn ähnliche Situationen auf einem zukommen. Die Weisheit sollte also aus gemachten Erfahrungen resultieren. Auch hier ist es immer mit einem Lernprozess verbunden. Wir müssen begreifen das Weisheit ein Meilenstein in unserem Leben bedeutet. Weise zu sein ist mit Demut und Mitgefühl verknüpft.

Negative Erfahrungen deuten wir oft als schlechte Zeichen. Wir sollten lernen nicht immer mit Widerwillen darauf zu reagieren. Sie können auch ein Segen für uns sein.

Mut zu neuen Wegen

Da kommt nun jemand daher und will dir erzählen, was es doch für tolle Möglichkeiten zum Entspannen gibt. Dazu kommen noch Aussagen, wie

- Erlebe Moment für Moment
- Finde dein Selbst
- Übe Achtsamkeit und Mitgefühl
- Und, und, und......

Überlege doch mal ganz genau.
Sind das nicht ganz einfache Vorgänge, die eigentlich schon immer unser Leben bestimmen sollten?

Tag für Tag erleben wir viele Situationen in denen wir nur noch reagieren, wir durchleben unsere Probleme immer seltener. Hast und Eile bestimmen unseren Tagesablauf.
Und warum?
Weil wir verlernt haben uns zurück zu ziehen, in uns zu kehren, wieder die Wahrheit unseres Tuns zu erkennen.
Ich habe keine Zeit! - Das glaube ich nicht.
Du hast dein Bewusstsein völlig vergessen, dein Selbst wird mit erzeugtem Müll von Rechtfertigungen und Erklärungen verdeckt. Zeit ist und bleibt eine reine Organisationssache. Das ist alles. Also bitte

ändere dies. Du musst nicht gleich jeden Tag für mehrere Stunden meditieren. Für viele wird dies aus beruflichen Gründen nicht möglich sein. Versuche doch erst einmal mit ein paar Minuten täglich anzufangen. Wenn du spürst, wie gut dir das meditieren tut, wird sich der investierte Zeitraum langsam aber stetig verlängern.

Wir versuchen vieles mit dem Verstand zu lösen, und merken gar nicht, wie oft wir Fehlentscheidungen treffen. Fehlentscheidungen, die alles noch viel schwerer machen. Lasse das Herz doch einmal Urteilen.

Wenn wir uns in vielen Situationen Klarheit und Achtsamkeit verschaffen, unser Ego mal zurückstellen, dann könnte die daraus resultierende Erkenntnis erlebte Ruhe sein. Durch die Achtsamkeit wird unser Wissen gefördert, unsere Weisheit geschult. Viele Probleme würden schon im Keim erstickt werden.
Klingt gut?
Ja, aber ich möchte noch mehr. Eine Glocke, die du zum Erklingen bringst, wird nach einiger Zeit wieder verstummen und der Ton gehört der Vergangenheit an. Erfreue dich nicht nur an einem kurzen Ton. Du möchtest ein ganzes Orchester hören. Also strenge dich an und erlebe Moment für Moment, tauche ein

in das Jetzt-Sein. Du wirst erleben, welche Kraft damit verbunden ist.

III. Vorbereitungen für den Übungsweg

Körperliche Aktivität

Bewegung kann Stress abbauen. Das ist eine Tatsache die man nicht so einfach vernachlässigen kann. Damit ist nicht der abendliche Gang zum Kühlschrank gemeint um sein Bier zu holen. Nein, dazu bedarf es ein wenig mehr. Bewegung ist einer der effektivsten Methoden um Körper und Geist in Einklang zu bringen. Es ist bewiesen dass körperliche Betätigung beispielsweise das Lern- und Konzentrationsvermögen positiv beeinflusst.

Für manche ist eine weniger anstrengende körperliche Betätigung schon ausreichend. Der andere muss vielleicht ins Fitnessstudio um seinen Körper an die Grenzen zu bringen. Beide haben etwas für sich und ihren Körper getan. Das ist gut so.

Alkohol, Kaffee oder schwarzer Tee vor dem Schlafen gehen ist auch nicht unbedingt förderlich den Körper für eine erholsame Nacht zu unterstützen. Natürlich gehört auch eine Gesunde Ernährung dazu. Wenn unser Körper leistungsfähig und für den Stressabbau gerüstet sein soll, müssen wir ihm entsprechende Nährstoffe zuführen. Jeden

Tag Fastfood ist Gift für uns. Viel Gemüse, Obst und Wasser sind wesentlich förderlicher. Ein erhöhter Fleischverzicht wirkt sich schon nach kurzer Zeit positiv auf den Körper aus.

Zu guter Letzt kann auch ein guter Schlaf sehr erholsam sein. Wir müssen nicht den ganzen Abend vor dem Fernseher sitzen oder mit der Xbox die Nacht zum Tag machen. Ein Abend mit der Familie, Freunden oder der liebsten ist doch viel schöner als den Sendeschluss vom Fernsehprogramm zu erleben.

Einfache aber effektive Tipps, die kleine Veränderungen in uns bewirken und für etwas mehr Ausgeglichenheit sorgen können. Vor allem die Gesundheit wird es uns danken.

Zur Ruhe kommen

Ruhe ist ein Begriff der Wohlfühlen beinhaltet. Dies ist wiederum eine Eigenschaft die in uns angenehme Gedanken erzeugt. Im Wellnessbereich und ähnlichen Angeboten sind dies große Werbemittel. In der Tat glaube ich, dass vielen von uns ein Wellnesswochenende gut tun würde. Massagen, Sauna und vieles mehr sorgen für Entspannung und Ruhe in unserem stressigen Alltag. Leider ist das immer mit einer Zeitbegrenzung behaftet. Und wer kann es sich schon leisten jedes Wochenende ein Wellnesshotel zu besuchen? Aber das muss es ja nicht immer sein. Wohlfühleoasen können wir uns auch Zuhause schaffen. Einen kleinen Bereich in dem wir uns zurückziehen können, ausgerüstet mit wohligen Düften und Klängen. Lassen wir unserer Fantasie freien Lauf.

Bis hier her habe ich viele Möglichkeiten aufgezeigt, wie man sein Leben, seinen Alltag glücklich und freudevoll gestalten kann. Ganz wichtig ist hierbei, das eigene Wollen. Solange man nicht Achtsam durchs Leben geht, wird jede Entspannungsmethode seinen Nutzen verlieren. Dann kannst du dieses Buch verschenken oder in den nächsten Mülleimer werfen. Die Selbstbeobachtung in Achtsamkeit ist der Angelpunkt bei allen Tätigkeiten. Nur dann kann man erkennen, wo man steht und wer man ist. Man muss also bloß seine Sichtweise ein wenig ändern. Ich möchte auf den nächsten Seiten die Meditation, das Autogene Training und die Progressive Muskelentspannung vorstellen. Diese Methoden sind etwas anderes wie ein Wellnesswochenende. Hier ist besonders Selbstdisziplin gefragt. Erst ein regelmäßiges und bewusstes Üben bringt die Essenz der Ruhe.

Bevor man eine Übung beginnt, sollte man im Vorfeld genau wissen, wie der Ablauf ist. Am besten spielt man entsprechende Übungen im Geist durch bis man sie verinnerlicht hat. Erst dann sollte man mit dem Üben beginnen. Dies betrifft besonders die Körperachtsamkeitsmeditation, Shingan, das Autogene Training und die Progressive Muskelentspannung.

Jetzt geht es los!

Egal für welche Entspannungsmethode wir uns entscheiden, wir sollten diese auf jeden Fall regelmäßig durchführen und üben. Denn mit dem regelmäßigen Üben wird sich auch das Wohlbefinden einstellen.

Neben der Regelmäßigkeit sollte man sich auch ein wenig Gedanken über sein persönliches Zeitmanagement machen. Über verlorene Zeit haben wir ja schon etwas gelesen. Ein paar Minuten kann man immer für sich finden.

Weiterhin benötigen wir einen Raum in dem man sich zurückziehen kann. Ist dies nicht möglich können wir uns auch einen Platz in der freien Natur suchen. Mit Blumen, angenehmen Aromaölen oder Duftstäbchen kann man eine angenehme Atmosphäre schaffen. Auch die Untermalung mit leiser Musik ist möglich. Handy und Haustürklingel sollten abgestellt werden. Vielleicht sollte man auch seinen Partner und die Kinder informieren, dass man eine Stunde für sich sein möchte, um eine Entspannungsmethode zu üben.

Wichtig ist auch eine lockere Kleidung. In einer engen Jeans lässt es sich schlecht meditieren.

Atmung

Atmen heißt Leben. Mit jedem Atemzug wird dem Körper die so lebenswichtige Energie zugeführt. Verbrauchter Sauerstoff wird ausgestoßen und frischer zugeführt. Wenn dieser regelmäßige Vorgang unterbrochen wird, führt der Sauerstoffmangel meist zu irreversiblen Schäden. Denken wir einmal an Herzinfarkt und Schlaganfall.

Wer hat sich mal Gedanken um das Atmen gemacht? Es funktioniert wie ein geregelter Automatismus und ist daher für uns selbstverständlich. Es ist ein stetiger Begleiter auf unserem Lebensweg.

Die Atmung spielt in den vorgestellten Entspannungsmethoden eine große Rolle. In der Meditation können wir sie beobachten. Man stellt also den Atemvorgang in den Fokus.

Aus diesem Grund wollen wir uns auch als erstes mit einer besonderen Art der Bauchatmung befassen. Wer sie noch nicht kennt möge sie bitte üben bis sie ein Teil von ihm geworden ist.

Natürlich kann man alle Übungen auch ohne Bauchatmung durchführen.

Bauchatmung

Vielleicht erinnert sich der eine oder andere an den Satz der Großmutter, die bei Ärger und Aufregung immer den Rat gab:
„Hol erst einmal tief Luft und zähl' bis zehn".

Tiefes bewusstes Atmen ist der schnellste Weg zur Entspannung. Es lässt uns ruhig werden und wir können wieder klar denken. Wichtig ist dabei jedoch, dass man in den Bauch atmet, oberflächliches Hecheln verstärkt nur die Hektik.

Lege bitte beide Hände auf den Bauch und schließe die Augen.
Atme nun langsam durch die Nase bewusst in den Bauch um die Luft dann wieder durch den Mund ausströmen zu lassen.

Die tiefe Bauchatmung kann man daran erkennen, dass der Bauch sich beim Einatmen nach vorne wölbt und sich beim Ausatmen nach innen zieht. Nehmen wir einmal fünf bis zehn Atemzüge und beobachten uns dabei. Sollte Schwindel auftreten bitte wieder zur Brustatmung wechseln.

Die Bauchatmung hat viele positive Effekte auf den Körper. Da sich beim Einatmen die

Zwerchfellmuskulatur zusammenzieht und gegen den Darm drückt, wird durch diese regelmäßige Massage die Verdauung angeregt. Der Puls und Blutdruck wird reguliert. Jedes Kind, das geboren wird, fängt mit der Bauchatmung an. Irgendwann verlernen wir diese Wohltat und ersetzen sie durch die weniger effektive Brustatmung. Dadurch, dass nur ein geringer Anteil der Atemmuskulatur aktiv ist, wird weniger Energie verbraucht als bei der Brustatmung.
Wenn Ihr Euch wieder einmal in sehr stressreichen Situationen befindet, versucht einfach mal, mehrere Atemzüge in den Bauch zu atmen. Schnell wird man hier eine wohltuende Entspannung verspüren.

IV. Meditation

Sie wird oft als eine Entspannungsform beschrieben. Meditation ist aber viel mehr als das. Sie führt uns dahin zurück, wo wir eigentlich schon immer sein sollten. Im Hier und Jetzt. Mit ihr erleben wir wieder die Momente des Lebens, die uns abhandengekommen sind. Sie hilft uns, unser Wesen wieder zu erkennen. In Verbindung mit der Achtsamkeit ist man in der Lage jeden Moment des menschlichen Seins zu erleben. Das ist eigentlich nichts Besonderes, wird der eine oder andere denken. Das ist richtig, aber viele Menschen haben verlernt im Jetzt zu leben. Die Gedanken drehen sich nur um Planung und Umsetzung. Leider geht es hierbei nur um eine Befriedigung des Ich. Ist das erste Ziel erreicht kommt auch schon das nächste. Immer wieder das Gleiche, ein ganzes Leben lang. Es wäre schlimm, wenn das wirklich schon alles gewesen wäre.

Was geschieht eigentlich beim Meditieren? Gleich mehrere körperliche Reaktionen sind messbar. Unser Atem kommt zur Ruhe, unser Herz schlägt langsamer und der Blutdruck sinkt. Dies ist wissenschaftlich belegt.

Meditation und Achtsamkeit sind der Grundstein.

Um loslegen zu können, kommt dann noch die Konzentration dazu. Mit der Konzentration ist das auch so eine Sache: Schöner ist es, sich auf einen spannenden Film oder ein tolles Fußballspiel zu konzentrieren. Da ist Aktion, da passiert etwas und man wird bei Laune gehalten. Wenn der Film nun aber langweilig ist, die Fußballspieler wieder einmal das Spielen völlig verlernt haben meldet sich unser Geist und wird unruhig. Es wird in Frage gestellt, was wir da eigentlich tun. Umso schlimmer wird es noch, wenn wir uns einfach hinsetzen um zu meditieren. Da gibt es doch eigentlich nichts Spannendes um uns abzulenken. Man sitzt nur. Das ist alles. Allerdings gibt es auch hier ein paar kleine Hilfsmittel, die ich dann noch erwähnen werde.

Wenn man sich entschlossen hat, den Weg in Achtsamkeit und der Meditation zu gehen, dann sollte dies regelmäßig geübt werden. Und das meine ich auch so. Es ist kein Problem sich jeden Tag ein paar Minuten zu nehmen und zu üben. Achtsamkeit ist immer und überall möglich, wie ich bereits erwähnt habe. Während der Meditation betrachten wir unseren Atem. Er bedeutet Leben und gehört zu uns. Man kann sich zum Beispiel auf das Heben und Senken des Bauches konzentrieren.
Die Gedanken werden sehr schnell kommen und versuchen, die Sinnlosigkeit der Meditation zu

erklären. Vielleicht wird man auch an dem erlebten Tag erinnert und Dinge, die man noch erledigen muss. Dies wird alles kommen. Man sollte die Gedanken beobachten und wieder ziehen lassen. Auf keinem Fall sollte man sie bewerten, sich nicht darüber ärgern. Stellt euch einen blauen Himmel vor. Ab und zu kommen kleine Wölkchen vorbei. Man nimmt sie wahr und lässt sie ziehen. Somit ist man auch beim meditieren nur Beobachter, sonst nichts.

Aber warum machen wir das alles. Welchen Nutzen haben wir davon? Natürlich bedarf es bei dieser Frage einer Antwort. Sie soll unseren Geist ruhig und friedvoll machen. Ein unruhiger Geist ist rastlos und versucht uns zu beschäftigen. Wir sind immer auf der Suche nach etwas neuem. Eine unendliche Spirale. Erreichen wir etwas nicht, sind wir unglücklich und unzufrieden.

Eine systematische Schulung in der Meditation kann dies ändern. Wir können ein geistiges Gleichgewicht erlangen um den Stimmungsschwankungen zu entfliehen, ja um sie zu besiegen. Glück hängt mit der Erfahrung des inneren Friedens zusammen und dieser wiederum mit einem ruhigen Geist. Ein Geist der uns lehrt die unwesentlichen Aktivitäten und nutzlosem Streben zu erkennen erfüllt uns mit Frieden, da das Streben nach immer neueren Zielen

entfällt. Meditation zu erlernen war für mich das größte Geschenk. Ich durfte meine eigene Natur neu entdecken und erleben.
Meditation bedeutet also den Geist heimbringen.

Meditation bedeutet eine Ausgeglichenheit zwischen Entspannung und Wachheit. Einschlafen würde somit seinen Zweck erheblich verfehlen. Aber wenn es mal passiert, auch gut. Das nächste Mal machen wir es besser.

Die Meditation rückt immer mehr in den Fokus der Medizin. In den USA setzen viele Stresskliniken die Meditation ein um den Stresslevel zu reduzieren und die Leistungsfähigkeit des einzelnen zu erhalten.

Die Haltung spielt in der Meditation eine sehr große Rolle. Wenn du günstige Bedingungen in deinem Körper und der Umgebung schaffst, dann entstehen Meditation und Verwirklichung von ganz alleine. Suchen wir uns einen ruhigen Raum wo wir nicht gestört werden können und sollte angenehm temperiert sein. Man kann sich auch ein Räucherstäbchen anzünden oder ein Duftöl benutzen.

Die Meditation kann man im Sitzen, oder liegen ausüben. Mit dem Liegen ist das aber so eine Sache:

Wir verbinden diese Position mit Schlaf. Beim Sitzen sollte darauf geachtet werden, dass der Rücken gerade ist. Wir können auch den normalen Schneidersitz wählen. Eine kleine Hilfe um den Rücken gerade zu halten kann auch ein etwas dickeres Kissen unter dem Gesäß sein. Die Augen können geschlossen oder offen sein. Die Hände kann man auf die Oberschenkel legen.

Achtsamkeit

Achtsamkeit bedeutet Achtsam sein im Geist. Jeden Moment des Lebens erkennen und erleben. Es ist so einfach gesagt. Allerdings ist dieser Prozess ein immer währender Kampf mit unserem Ego. Die Achtsamkeit erlaubt uns im Hier und Jetzt zu leben.

Achtsamkeit können wir überall leben. Ich sage bewusst nicht üben. Sie soll ein Teil von uns werden. Ein Teil von dem wir uns immer bewusst sind, dass er allgegenwärtig ist. Sie begleitet uns immer, wenn wir das wollen. Und das soll unser Streben sein. Achtsamkeit heißt alles zeitnah zu erleben, was wir gerade tun. Stell dir vor du sitzt an einem wunderschönen Strand und erlebst einen Sonnenuntergang. Ein roter Ball, der langsam im Meer versinkt. Du erlebst ihn, ohne den nächsten Tag zu planen, ohne an den vergangenen zu denken. Du erlebst ihn jetzt, denn gleich ist alles wieder vorbei. Jede Sekunde nimmst du es war. Sonst nichts.
Leider ist es vieler Naturell, den Moment zu verkennen. Man nimmt seine Mahlzeiten ein, ohne sie zu erleben. Man hat doch so viele Dinge im Kopf, die das vermeiden wollen. Laufe einmal in Gedanken durch den Wald. Denke einmal zurück, wie du deinen letzten Spaziergang erlebt hast. Hast du ihn wirkliche erlebt, oder bist du nur eine bestimmte Strecke

gelaufen.

Wenn es Abend geworden ist, sitzen meine Frau und ich gerne noch im Garten. Da wir auf dem Land wohnen, haben wir die Natur direkt um uns. Wir reden nicht viel dabei. Wir genießen, den Klang des Waldes, das Zwitschern der Vögel, das Rauschen des Windes und beobachten die Wolken. Immer wieder entstehen abstrakte Bilder, immer kommen andere Geräusche dazu. Es ist unsere Oase, im Jetzt zu sein. Kein Gestern und kein Morgen. Und dies schenkt eine Kraft, über die sich manch einer gar nicht bewusst ist. Nein, dazu bedarf es keinen Garten. Dies kann man überall erleben. Man muss bloß bereit dazu sein.

Achtsamkeit (Frank Tuppek 2009)

Siehst du die Frucht des Baumes?
Siehst du das Leben?
Spürst du die Liebe?

Du siehst es nicht?
Du spürst es nicht?
Wer bist du, dass du so denkst?

Komm ich helfe dir, nehme dich an die Hand.
Ich bin die Achtsamkeit,
und führe dich in jenes wunderschöne Land.

Siehst du den Moment des Lebens?
Spürst du den Moment des Seins?
Ja, du bist es immer noch.

Nehme dir die kurze Zeit,
erlebe dich und erkenne dein Selbst.
Ja, du bist angekommen.

Jetzt haben wir so viel über die Achtsamkeit gelesen. Nun wird es Zeit sie zu leben. Auf den nächsten Seiten werde ich einfache Übungen vorstellen, mit denen man wunderbar die Achtsamkeit erleben kann.

Fangen wir doch mal mit dem Autofahren an. Das geht ganz einfach. Versuche einmal alles was mit dem Fahren zusammenhängt an dem Zeitpunkt des Entstehens zu erfassen. Wir nehmen unser Umfeld war, erleben das Kuppeln und Gas geben. Spüren die Beschleunigung und das Vibrieren der Reifen auf der Straße. Nehme die anderen Autos und das Vorbeifliegen der Landschaft war.

Kommen wir nun zum Abwasch. Fangen wir an mit dem Zusammenstellen des Geschirrs. Vom einlaufenden Wasser bis zum Trocknen des Geschirrs. Alles nehmen wir in Achtsamkeit wahr.

Nun geht es zum Duschen. Wir spüren das Wasser auf unsere Haut. Nehmen war wie es an unserem Körper herunterläuft und uns Erfrischung schenkt. Beim Waschen der Haare fühlen wir wie unsere Finger unsere Kopfhaut massieren. Wir erleben die Reinigung des Körpers als etwas Besonderes. Wir erleben es im Moment.

Ihr seht schon, dass es um alltägliche Verrichtungen

geht. Wir können alles, was wir tun, in Achtsamkeit erleben. Versucht es einfach.

Zum Abschluss möchte ich noch eine Achtsamkeitsübung mit Rosinen vorstellen. Dazu nehmt ihr drei Rosinen in die Hand. Nun rollt sie einmal hin und her und betrachtet ihre Oberfläche, Sie sind klein, runzelig und recht weich. Sie verströmen einen angenehmen Duft. Nun nehmt sie in den Mund und ertastet sie mit der Zunge. Nehmt den Geschmack war und spürt wie euch das Wasser im Munde verläuft. Der Drang sie zu essen wird immer größer. Dann zerbeißt sie und schluckt sie herunter. Genießt den Geschmack.

Achtsamkeit zu üben ist nicht schwer. Das kann man an diesen Übungen erkennen. Kommen wir nun zu einigen Meditationsübungen.

Atem-Meditation

Sie ist eine der ältesten Methoden im Buddhismus. Hierbei geht es darum sanft und bestimmt die Aufmerksamkeit seinem Atem zukommen zu lassen. Atem bedeutet Leben und ist somit der grundlegendste Ausdruck unseres Lebens. Sicherlich hat jeder schon einmal die Erfahrung gemacht, wie entspannend es ist, wenn man nach einem stressigen Ereignis ein paar Minuten tief ein und ausatmend zurück zu sich selbst finden kann.

Bei der Atem-Meditation sollte man ganz normal atmen. Es geht nicht darum diesen zu kontrollieren, sondern nur um das beobachten. Hier spielt die Achtsamkeit eine sehr große Rolle. Obwohl wir nur unseren Atem beobachten kann es sein das wir plötzlich ganz woanders sind. Dann sollten wir unsere Achtsamkeit wieder verstärkt auf den Atem fixieren. Durch diesen einfachen Prozess können wir Gedanken und Emotionen filtern.

Kommen wir nun zur Praxis.

Nehmt die für euch bequemste Sitzstellung ein und beginnt mit der Bauchatmung.
Nun konzentriert euch auf den Atem, auf das Heben und Senken der Bauchdecke.

Während der Dauer des Ausatmens zählen wir Eins. Bei Zehn angekommen beginnen wir wieder mit Eins.

Mit der Zeit sollte diese Übung nicht mehr notwendig sein. Die richtige Atmung und Körperhaltung wird sich automatisch einstellen. Warum sollten wir den Atem auch beeinflussen. Das kann unser Körper schon alleine.

Versucht das am Anfang 5-10min.

Ausrichten auf ein Objekt

Bei dieser Übung lassen wir unseren Geist sanft auf ein Objekt ruhen. Dies kann ein Gegenstand wie eine Blume oder ein Bild sein. Es sollte etwas sein was Inspiration oder Wahrheit erweckt.

Wir stellen dieses Objekt in Augenhöhe vor uns auf und richten unsere Aufmerksamkeit darauf. Im Geiste verbinden wir uns mit der Bedeutung dessen und erfreuen damit unseren Geist. Dann lassen wir los und lassen diese Freude in uns wirken. Freude die unser Herz ohne Wünsche, Ziele und anderen Gedanken erfüllt.

Versucht das am Anfang 5-10min.

Körperachtsamkeits-Meditation (Bodyscan)

Legt euch bequem auf den Boden und beginnt mit der Bauchatmung.

Versucht einmal in die Zehen des linken oder rechten Fußes einzuatmen. Wenn dies am Anfang nicht so gelingt, macht dies nichts. Das Erleben wird kommen. Beim Ausatmen spürst du jedes Mal, wie die Luft durch deinen ganzen Körper fließt und deinen Mund verlässt.

Langsam bewegst du dich von den Zehen aufwärts.

Zum Schienbein, dem Knie, Oberschenkeln bis zum Becken.

Dann geht weiter es zu den Zehen des anderen Fußes, dem Schienbein, Knie, Oberschenkel und Becken.

Nun geht es den Rücken hinauf, zu beiden Schultern.

Dann erfasse deinen Bauch, deine Brust und den Hals.

Zum Schluss erreichst du deinen Kopf.

Versuche in jeden Bereich bewusst ein-und auszuatmen.

Nehme dir für diese Übung etwa 40-50min Zeit.

Erlebe so jede Faser deines Körpers.
Wenn du Schmerzen hast versuche doch einmal direkt in den Schmerz zu atmen. Ist dir dies unangenehm, wandere zum nächsten Körperteil.

Du wirst deinen Körper immer besser kennen lernen, ihn in seiner ganzen Vollkommenheit erfassen.
Es geht nicht nur darum eine wunderbare Entspannung zu erleben. Nein, du schulst auch deine Achtsamkeit. Durch das Einatmen in die verschiedenen Körperteile werden deine Körperempfindungen geschult. Du wirst ganz neue Erfahrungen machen. Du lernst wieder auf deinen Körper zu hören. Höre ihn an, er hat dir viel zu erzählen. Wenn dein Geist dich ablenken will, beobachte dies und schiebe diese Gedanken sanft zur Seite. Sie sind nicht wichtig.

Shingan - Meditation

Vor einiger Zeit wurde ich von einer Parkinsonbeauftragten gefragt, ob ich es mir vorstellen könnte mit diesen Menschen eine Meditationsübung durchzuführen. Dies war eine besondere Herausforderung, der ich mich stellte. Wie konnte ich diesen Menschen etwas Einfaches und doch Effektives an die Hand geben, damit sie sich auch erleben können. Aus dieser Idee heraus ist Shingan entstanden. Man möge es mir verzeihen, dass ich von der traditionellen Art abweiche und stattdessen daraus eine „Bilder orientierte Meditation" kreierte. Shingan bedeutet so viel wie inneres Auge oder wachsamer Geist. Die Meditation mit diesen Patienten war eine große Bereicherung für mich. Ich durfte sehr viel dabei lernen. Ich war der Schüler.

Wir alle kennen Ruhebilder, Phantasiereisen oder Traumreisen. Mit diesen Vorstellungen ist es für manch Übenden leichter, seine persönliche "Meditation" zu finden. Gefordert wird die Vorstellungskraft. Wichtig ist sich Zeit zu lassen. Es ist nicht für jeden sofort möglich, Gedankenbauten zu lassen. Also kommt es nicht darauf an, die Übung beim ersten Mal perfekt auszuführen.

Die Übung bitte so verinnerlichen, dass man keine Anleitung mehr braucht. Pro Übung sollte man etwa 10-15 min einplanen. Alles geschieht nur in der Vorstellungskraft des Geistes.

1. Zur Ruhe kommen

Nehme eine für dich entspannende Position ein.
Atme 10x tief ein und aus.
Das Ausatmen sollte etwas länger dauern. Zähle mit, beeinflusse den Atem aber nicht. Höre in dich hinein. Was erzählt dir dein Körper?

2. Baum des Lebens

Du bist wie ein Baum fest verwurzelt mit dem Boden.
Du lachst im Geist und bist fröhlich. Nehme all das auf und spüre die Kraft dieser Erde.

3. Kraft des Lichtes

Verwandele diese Kraft und Freude nun in Licht.
Langsam hebst du die Arme, wie einen großen Trichter, empor zum Himmel.
Alles Licht sammelt sich in diesem Trichter.
Du senkst die Arme wieder und spürst wie dich das Licht umhüllt.
Es stärkt dich, lässt dich ruhiger werden.

4. Energie des Feuers

Stelle dir vor, wie du einen kleinen Energieball formst. Seine Größe bestimmst du.
Betrachte ihn von allen Seiten, rolle ihn von einer Hand in die andere.

Er ist hell und angenehm warm. Du spürst die Kraft, die von ihm ausgeht.
Es ist deine Kraft. Genieße dies solange du möchtest.

5. Mutter Erde
Lasse den Ball nun frei und schenke ihn der Erde.
Du siehst, wie sich der Ball in vielen Farben auflöst und seine Energie freigibt.
Genieße diesen Anblick.

6. Shingan
Wandere nun im Geist vom Kopf bis zu den Füssen durch deinen Körper.
Nehme jede Veränderung war.
Atme in jedes Körperteil hinein und erfülle es mit Licht.
Genieße dieses Gefühl solange du möchtest.

7. Zurück in den Alltag
Atme nun 10x tief ein und aus.
Öffne die Augen und genieße den Tag.

Zen

Nun möchte ich noch meine Meditation vorstellen. Sie nennt sich zazen und kommt aus dem Zen.

Im übertragenen Sinne bedeutet Zen etwa Versunkenheit oder Sammlung des Geistes. Zen ist eine Strömung des Buddhismus, hat aber ihre tieferen Wurzeln im Indischen Yoga. Er ist unorthodox und verzichtet auf Schriften und Bücher. Anstelle dessen wurde zazen entwickelt, die eine besondere Form der Meditation ist. Zen ist sehr einfach. In der Einfachheit liegt aber die Schwierigkeit. Beim Zen geht es um uns und unser Leben im Moment. Die einzige Lehre ist der Augenblick. Und genau das macht es so schwer.

Ein berühmtes Bild im Zen ist der kehrende Mönch. Völlig versunken und konzentriert auf seinen Besen und seine Tätigkeit vollzieht er seine Arbeit.

Hierzu gibt es auch eine kleine Geschichte, die nochmals verdeutlichen soll, was Zen ist.

Ein ungeduldiger Zen-Schüler möchte endlich die Geheimnisse von Zen erfahren. So geht es zu seinem Meister und trägt sein Anliegen vor. Der Meister hört ihm zu und so üben schließlich beide zazen. Nach einigen Minuten wird der Schüler immer ungeduldiger. Er schaut seinen Meister fragend an. Dieser erwidert nur, dass nicht mehr passieren wird.

Zazen (Versenkung) ist die schwierigste Art der Meditation. Gesessen wird im Lotussitz ca. 1m vor einer Wand. Man beginnt mit einer Atemübung und leichten Körperbewegungen. Danach heißt es möglichst regungslos zu sitzen. Das bedeutet Schwerstarbeit im Geiste. Aber diese Gedanken werden weniger werden, vielleicht sogar verschwinden. Bis dahin ist allerdings ein weiter Weg.

Obwohl im Zen zazen im Mittelpunkt steht ist Zen sehr praxisbetont. Der kehrende Mönch kehrt. Wenn wir uns unterhalten tun wir nur dies. Körper und Geist richten sich immer nur auf dieses eine Geschehen aus.

Zazen - Das richtige Sitzen

Es gibt es nur den halben und ganzen Lotussitz, weil hier der Körper eine perfekte Sitzhaltung hat. Viele von uns werden das allerdings so nicht hinbekommen. Es macht keinen Sinn dass wir vor lauter Schmerzen nach dem Sitzen zum Orthopäden müssen. Also suchen wir uns eine Stellung in der wir bequem sitzen können. Ich sitze zum Beispiel gerne mit den Knien auf einer Decke. Der Po ist auf den Fersen abgelegt. Es geht aber auch mit einem dickeren Kissen oder Schemel. Die Beinen können dann angewinkelt daneben oder darunter liegen. Wir müssen also eine Haltung finden, bei der wir möglichst wenig Schmerzen haben. Die Wirbelsäule muss immer gerade sein. Die Augen dürfen geöffnet sein, da wir beim zazen vor einer Wand sitzen. Die Hände liegen im Schoß ineinandergelegt. Ganz wichtig ist unser Bauch. Wir lassen ihn einfach hängen so wie er ist, schränken ihn also nicht ein.
Wenn wir zazen zu üben beginnen, sollten für den Anfang 20 Minuten einplanen.

Wir setzen uns, Wirbelsäule gerade, die Augen fixieren in einem Winkel von etwa 45 Grad einen Punkt auf dem Boden und dann beginnen wir mit der Bauchatmung. Nun pendele mit deinem Oberkörper in einer leicht kreisförmigen Bewegung, damit du deinen optimalen Gleichgewichtspunkt findest. Lege deine Hände in den Schoß. Solltest du merken, dass sich deine Körperhaltung geringfügig verändert korrigiere dies bitte. Versuche nun deinen Geist zu leeren. Alles was auf dich einstürmt lässt du wieder ziehen. Es findet kein Nachdenken und keine Beurteilung statt. Wir sind nur Beobachter.

Zen - Kinhin (Gehmeditation)

Normalerweise bedeutet Gehen eine Strecke von A nach B zurückzulegen. Das Ziel ist also B. Man könnte dies schnell oder langsam tun. Betrachten wir nun das Gehen im Sinne von Zen. Der Weg wird zum Ziel. Kinhin ist somit ein achtsames Gehen. Sie wird benutzt, um nach einem längeren Sitzen seinen Körper wieder zu lockern. Die Achtsamkeit wird von der Sitzmeditation in das Kinhin übertragen.

Kinhin sollte in keinem Marathon enden. Weltmeister müssen wir auch nicht werden. Stellen wir uns einfach einen Radius von 5 Metern vor indem wir langsam gehen. Jedes heben und senken, das Abrollen des Fußes erfassen wir in Achtsamkeit. Die Hände legen wir übereinander in Höhe des Solar Plexus auf den Bauch. Die Augen sind geöffnet und sehen auf den Boden.

Wenn wir das gehen mit dem Rhythmus unseres Atems verbinden klappt es am Anfang vielleicht etwas besser. Wir konzentrieren uns auf den Atem und die Schritte. Beim Anheben des Fußes atmen wir ein und beim Aufsetzen auf den Boden wieder aus.

V. Klassische Entspannungsmethoden

Hypnose und Suggestion, Trance und Ekstase waren schon immer ein Bestandteil der Heilungsriten vieler Völker. Natürlich werden auch verschiedenste Meditationsformen benutzt um einen Trancezustand zu erreichen. Autosuggestive Entspannungsverfahren als Methoden entstanden in den 20er und 50er Jahren des 20. Jahrhunderts.

Mit Hypnose konnte man schon frühzeitig gute Heilerfolge erzielen. Behandelt wurden damals schon Erkrankungen die heute mit dem Begriff psychosomatisch bezeichnet werden. Das Problem der Hypnose war ein Abhängigkeitsverhältnis zwischen Therapeut und Patient. So erlitten viele Patienten nach deren Entlassung aus den regelmäßigen Sitzungen einen Rückfall. Also stellte man sich die Frage was man dem Patienten geben kann um Selbstständig und ohne Betreuung entsprechende Behandlungserfolge erzielen kann. Aus dieser Aufgabenstellung und gemachte Erfahrungen und Kenntnisse über asiatischen Versenkungsmethoden entstanden neue Übungsformen, die ich nachstehend näher erläutern werde.

Autogenes Training (AT)

Dem Autogenen Training liegt die Erkenntnis zugrunde, dass sich jeder Mensch selbst so intensiv in einem Gefühlszustand versetzen kann, dass er auch die damit einhergehenden Körperreaktionen auslösen und spüren kann. Es beeinflusst das vegetative Nervensystem und es können damit Organe erreicht werden, die dem Willen nicht zugänglich sind.

Wir alle kennen Suggestionen. Es findet quasi eine Beeinflussung statt. Denken wir mal an die Werbung im Fernsehen. Die Suggestion, dass ein Haarwaschmittel aus bestimmten Gründen besonders für uns geeignet ist, reicht uns schon. Wir kaufen es. Die Werbung hat es mal wieder geschafft.

Das Autogene Training wurde von J.H. Schulz (1884-1970) entwickelt. Bei seiner Übungstechnik berücksichtigte er neben den Erfahrungen mit der Hypnose auch seine Kenntnisse von Yoga und anderen asiatischen Versenkungsmethoden. Somit war es eigentlich nichts Neues.

Das Autogene Training fand bald in Europa und weltweit Verbreitung. Es gehört heute zu den am besten untersuchten Methoden der Medizin und ist eine anerkannte Methode der Psychotherapie und

Psychohygiene. Es stellt ein interessantes Therapeutikum dar, und wird auch für gesunde Menschen als eine hochwirksame, präventive Maßnahme zur Erhaltung der Gesundheit empfohlen. Geübt wird mit Hilfe von Formeln.

Dies sind:

- Die Ruheformel als Grundelement
- die Wärmeformel
- die Herzformel
- die Atemformel
- die Bauchformel
- die Kopfformel

Das Autogene Training ist eine Technik, die vom Einzelnen allein, oder in Gruppen geübt wird. Ich sehe es als sehr wichtig an, dies von einem erfahrenen Therapeuten oder Trainer zu lernen. Personen, die das AT an ein paar Wochenenden erlernt haben, halte ich für völlig ungeeignet. Bitte informiert euch ganz genau im Vorfeld darüber.

Das regelmäßige Üben ist ein Grundprinzip, weil nur das, was wir über einen gewissen Zeitraum üben, vom Unbewussten als Auftrag angenommen wird. Das erlernen erfordert also eine große Disziplin.

Dem Autogenen Training liegt die Erkenntnis zugrunde, dass sich jeder Mensch selbst intensiv in einen Gefühlszustand versetzen kann, dass er auch die damit verbundenen Körperreaktionen auslösen und spüren kann. Körperliche Zustände können Gefühle bewirken. Unruhe, Kälte und Zittern machen Angst. Innere Ruhe und Gelassenheit gehen mit dem Gefühl wohliger Schwere einher.

AT ist eine Methode, die man alleine erlernen kann und regelmäßig durchführen muss, wenn sie zum Erfolg führen soll. Vielen macht das Üben in der Gruppe mehr Spaß. Das muss jeder für sich selbst entscheiden.

Kontraindikationen wären:

- Depressionen
- Borderlinefälle
- Psychosen, Hirntrauma

Wenn entsprechendes vorliegt, diese Übung nicht ausführen.

Ich möchte die Grundstufe des Autogenen Trainings vorstellen. Diese umfasst die Regeln für die Übungshaltungen, den klaren Wortlaut der einzelnen Formeln sowie das richtige Zurücknehmen. Es kann im Sitzen oder Liegen geübt werden.

Folgende Formeln werden wir erlernen:

- Die Ruheformel als Grundelement (1 Woche)
- die Schwereformel (2 Woche)
- die Wärmeformel (3 Woche)
- Die Herzformel 4 Woche)
- die Atemformel (5 Woche)
- die Bauchformel / Sonnengeflecht (6 Woche)
- die Kopfformel (7 Woche)

Die Umgebung sollte beim Autogenen Training folgende Bedingungen erfüllen

- ruhig
- angenehme Temperatur
- Schutz vor greller Lichteinwirkung
- Geschlossene Fenster
- Telefon, TV und Handy sind abgeschaltet
- Bequeme Kleidung

Wie schon gelernt, ist das Zurücknehmen von elementarer Bedeutung.

Dies bedeutet:
– das bewusste Umschalten der Aufmerksamkeit nach der Übung von innen nach außen.
– Die Wiederherstellung eines gesunden Muskel- und Kreislauftonus

- Aktivierung der Leistungsfähigkeit

Formel für das Zurücknehmen:
- Arme fest
- Arme beugen und strecken
- Tief atmen
- Tief ein- und ausatmen
- Augen auf
- Augen aufschlagen

Macht man die Übung im Bett vor dem Schlafengehen ist das Zurücknehmen nicht notwendig.

Ablauf der Übung:
- Übungshaltung einnehmen
- Formel denken
- Zurücknehmen

Erst wenn man eine Formel richtig beherrscht beginnt man mit der nächsten.
In der ersten Woche trainieren wir also nur die Ruheformel. In der zweiten Woche kommt die Wärmeformel dazu usw.

Diese Reihenfolge bitte immer einhalten. Lediglich die Herz- und Atemformel können vertauscht werden. Bei Kursteilnehmern mit Herzbeschwerden ist es sinnvoll, die Formel nach der Atemformel anzuwenden. Bei Menschen mit Atembeschwerden wird Herzformel vorangestellt. Die Zahl in der Klammer bedeutet die geistige Wiederholung. Am günstigsten ist eine Übungsfrequenz von zweimal täglich. Eine komplette Übung dauert maximal 15 Minuten.

Die Zahl in der Klammer gibt an, wie oft die Formel gedacht werden soll.

Übungsformeln für das Autogene Training

Ruheformel für die 1. Woche:
- Ich bin ganz ruhig (6x)
- Ich bin ganz ruhig und entspannt (1x)
- Ich bin ganz ruhig (6x)
- Ich bin ganz ruhig und entspannt (1x)
- Ich bin ganz ruhig (6x)

Arme fest – Tief atmen – Augen auf

+ Schwereformel für die 2. Woche
- Mein rechter Arm ist ganz schwer (6x)
- Ich bin ganz ruhig und entspannt (1x)
- Mein linker Arm ist ganz schwer (6x)
- Ich bin ganz ruhig und entspannt (1x)
- Beide Arme sind ganz schwer (6x)
- Ich bin ganz ruhig und entspannt (1x)

Arme fest – Tief atmen – Augen auf

+ Wärmeformel für die 3. Woche
- Ich bin ganz ruhig und entspannt (1x)
- Mein rechter Arm ist ganz schwer (6x)
- Ich bin ganz ruhig und entspannt (1x)
- Mein linker Arm ist ganz schwer (6x)
- Ich bin ganz ruhig und entspannt (1x)
- Beide Arme sind ganz schwer (6x)
- Ich bin ganz ruhig und entspannt (1x)

- Ich bin ganz ruhig und entspannt (1x)
- Mein rechter Arm ist wohlig warm (6x)
- Ich bin ganz ruhig und entspannt (1x)
- Mein linker Arm ist wohlig warm (6x)
- Ich bin ganz ruhig und entspannt (1x)
- Beide Arme sind wohlig warm (6x)
- Ich bin ganz ruhig und entspannt (1x)

Arme fest – Tief atmen – Augen auf

+ Atemformel für die 4. Woche
- Ich bin ganz ruhig und entspannt (1x)
- Arme und Beine ganz schwer (6x)
- Ich bin ganz ruhig und entspannt (1x)
- Arme und Beine ganz schwer (6x)
- Ich bin ganz ruhig und entspannt (1x)
- Arme und Beine ganz schwer (6x)

- Ich bin ganz ruhig und entspannt (1x)
- Arme und Beine wohlig warm (6x)
- Ich bin ganz ruhig und entspannt (1x)
- Arme und Beine wohlig warm (6x)
- Ich bin ganz ruhig und entspannt (1x)
- Arme und Beine wohlig warm (6x)

- Ich bin ganz ruhig und entspannt (1x)
- Mein Atem ist ganz ruhig (6x)
- Ich bin ganz ruhig und entspannt (1x)
- Mein Atem ist ganz ruhig (6x)
- Ich bin ganz ruhig und entspannt (1x)
- Mein Atem ist ganz ruhig (6x)

Arme fest – Tief atmen – Augen auf

+ Herzformel für die 5. Woche
- Ich bin ganz ruhig und entspannt (1x)
- Arme und Beine ganz schwer (6x)
- Ich bin ganz ruhig und entspannt (1x)
- Arme und Beine ganz schwer (6x)
- Ich bin ganz ruhig und entspannt (1x)

- Ich bin ganz ruhig und entspannt (1x)
- Arme und Beine warm (6x)
- Ich bin ganz ruhig und entspannt (1x)
- Arme und Beine warm (6x)
- Ich bin ganz ruhig und entspannt (1x)
- Arme und Beine warm (6x)

- Ich bin ganz ruhig und entspannt (1x)
- Mein Atem ist ganz ruhig (6x)
- Ich bin ganz ruhig und entspannt (1x)
- Mein Atem ist ganz ruhig (6x)
- Ich bin ganz ruhig und entspannt (1x)
- Mein Atem ist ganz ruhig (6x)

- Ich bin ganz ruhig und entspannt (1x)
- Mein Herz schlägt ruhig und gleichmäßig (6x)
- Ich bin ganz ruhig und entspannt (1x)
- Mein Herz schlägt ruhig und gleichmäßig (6x)
- Ich bin ganz und entspannt (1x)
- Mein Herz schlägt ruhig und gleichmäßig (6x)

Arme fest – Tief atmen – Augen auf

+ Bauchformel für die 6. Woche
- Ich bin ganz ruhig und entspannt (1x)
- Arme und Beine schwer (6x)
- Ich bin ganz ruhig und entspannt (1x)
- Arme und Beine warm (6x)

- Ich bin ganz ruhig und entspannt (1x)
- Atem ganz ruhig (6x)
- Ich bin ganz ruhig und entspannt (1x)
- Atem ganz ruhig (6x)
- Ich bin ganz ruhig und entspannt (1x)
- Atem ganz ruhig (6x)

- Ich bin ganz ruhig und entspannt (1x)
- Mein Herz schlägt ruhig und gleichmäßig (6x)
- Ich bin ganz ruhig und entspannt (1x)
- Mein Herz schlägt ruhig und gleichmäßig (6x)
- Ich bin ganz ruhig und entspannt (1x)
- Mein Herz schlägt ruhig und gleichmäßig (6x)

- Ich bin ganz ruhig und gleichmäßig (1x)
- Mein Sonnengeflecht ist strömend warm (6x)
- Ich bin ganz ruhig und entspannt (1x)
- Mein Sonnengeflecht ist strömend warm (6x)
- Ich bin ganz ruhig und entspannt (1x)
- Mein Sonnengeflecht ist strömend warm (6x)

Arme fest – Tief atmen – Augen auf

+ Kopfformel für die 7. Woche
- Ich bin ganz ruhig und entspannt (1x)
- Arme schwer (6x)
- Ich bin ganz ruhig und entspannt (1x)
- Arme warm (6x)
- Ich bin ganz ruhig und entspannt (1x)
- Atem ruhig (6x)
- Ich bin ganz ruhig und entspannt (1x)
- Herz schlägt ruhig und gleichmäßig (6x)

- Ich bin ganz ruhig und gleichmäßig (1x)
- Mein Sonnengeflecht ist strömend warm (6x)
- Ich bin ganz ruhig und entspannt (1x)
- Mein Sonnengeflecht ist strömend warm (6x)
- Ich bin ganz ruhig und entspannt (1x)
- Mein Sonnengeflecht ist strömend warm (6x)

- Ich bin ganz ruhig und entspannt (1x)
- Mein Kopf ist frei und klar, meine Stirn ist angenehm kühl (6x)
- Ich bin ganz ruhig und entspannt (1x)
- Mein Kopf ist frei und klar, meine Stirn ist angenehm kühl (6x)
- Ich bin ganz ruhig und entspannt (1x)
- Mein Kopf ist frei und klar, meine Stirn ist angenehm kühl (6x)

Arme fest – Tief atmen – Augen auf

Progressive Muskelentspannung (PM)

Die Progressive Muskelentspannung ist neben dem Autogenen Training eine der bekanntesten und in ihren Wirkungen wissenschaftlich gut erforschten Entspannungsmethoden. Sie wurde etwa zeitgleich mit dem von H. Schultz in Deutschland entwickelten Autogenen Training von Edmund Jacobson in den USA vorgestellt. In seinen frühen Arbeiten zur muskulären Tiefenentspannung, stellte Jacobson fest, dass Anspannungen der Muskulatur häufig im Zusammenhang mit innerer Unruhe, Stress und Angst auftreten. Eine Lockerung der Muskulatur geht Erfahrungsgemäß mit einem Ruhegefühl einher. Jacobson erkannte, dass durch gezieltes Anspannen und abruptes lösen einzelner Muskelgruppen eine Entspannung erreicht werden kann.

Auch die Progressive Muskelentspannung stellt einen wichtigen Beitrag zur Psychohygiene und Prävention dar. Im Verlauf der Übungen werden einzelne Muskelgruppen kräftig angespannt und wieder entspannt. Die Wirkung der PM und die damit einhergehenden Verbesserungen des Empfindens kann jedoch einige Zeit dauern. Auch hier gilt ein regelmäßiges und langfristiges üben.

Bei den Übungen werden folgende Muskelgruppen nacheinander einbezogen:

- Füße
- Beine
- Becken
- Bauch
- Rücken
- Brustraum
- Schultern
- Gesicht
- Körper

Das Entspannen der entsprechenden Muskelgruppe, wird also mit einer wohltuenden Ruhe in dem entsprechenden Bereich belohnt. Und diese Ruhe kann relativ schnell wahrgenommen werden. Hierzu möchte ich auch eine kleine Übung vorstellen.

Bitte die Übung nicht durchführen wenn eine der folgenden Bedingungen erfüllt ist:

- Neigung zu Muskelkrämpfen
- Asthma
- Bandscheibenvorfall
- Infektionskrankheiten (Grippe)
- Starke Regelblutungen

Sollte keine der aufgezählten Krankheiten vorhanden sein können wir mit der Übung beginnen.
 Geübt werden kann je nach körperlichem befinden im Liegen oder Sitzen. Bitte erst einmal die gesamte Übung durchlesen und verinnerlichen.

Hier nun eine kleine Vorübung für die Progressive Muskelentspannung um die Wirkungsweise zu erleben. Dabei
soll die Wirkung von Anspannung und Entspannung verdeutlicht werden.

Balle im Sitzen die rechte Hand
Spanne den Muskel an ohne zu verkrampfen
Achte auf das Spannungsgefühl in Hand und Unterarm
Taste die gespannte Hand und den Unterarm mit der linken Hand ab und spüre die Festigkeit der Muskeln.
Löse nun vollständig die Spannung und lasse den rechten Oberarm locker auf dem Oberschenkel ruhen.
Nehme dir die Zeit, damit sich die Muskeln lockern können
Achte auf das veränderte Gefühl in Hand und Unterarm.
Nehme die kleinste Veränderung war
Spüre die lockeren und weichen Muskeln

Übung zur Progressiven Muskelentspannung

Jede Übung wird zweimal für etwa 5-10Sekunden durchgeführt). Wenn Schmerzen kommen mit weniger Kraft üben oder ganz aufhören.

1. Füße
Konzentriere dich auf die Füße.
Biege nun die Zehen fest nach unten zur Fußsohle hin.
Löse die Spannung wieder und genieße etwa eine halbe Minute die Entspannung.
Übung wiederholen.

2. Füße und Zehen
Ziehe die Füße und die Zehen in Richtung Knie.
Löse die Spannung wieder und genieße etwa eine halbe Minute die Entspannung.
Übung wiederholen.

3. Schienbein
Versuche die Fersen vom Boden zu heben.
Die Oberschenkel bleiben auf der Unterlage.
Löse die Spannung wieder und genieße etwa eine halbe Minute die Entspannung.
Übung wiederholen.

4. Waden
Drücke nun die Ferse in die Unterlage, wodurch die Waden angespannt werden.
Löse die Spannung wieder und genieße etwa eine halbe Minute die Entspannung.
Übung wiederholen.

6. Oberschenkel-Oberseite
Hebe beide Beine mit durchgedrückten Knien etwa 10-15cm vom Boden ab.
Löse die Spannung wieder und genieße etwa eine halbe Minute die Entspannung.
Übung wiederholen.

7. Oberschenkel-Unterseite
Drücke die Knie durch und presse die Waden in die Unterlage.
Löse die Spannung wieder und genieße etwa eine halbe Minute die Entspannung.
Übung wiederholen.

8. Gesäßmuskeln
Kneife nun die Pobacken fest zusammen.
Löse die Spannung wieder und genieße etwa eine halbe Minute die Entspannung.
Übung wiederholen.

9. Beckenboden
Spanne die Beckenbodenmuskulatur so an, als wolltest du Stuhl und Urin zurückhalten.
Löse die Spannung wieder und genieße etwa eine halbe Minute die Entspannung. Da
Übung wiederholen.

10. Bauch
Strecke den Bauch so weit wie möglich vor.
Löse die Spannung wieder und genieße etwa eine halbe Minute die Entspannung.
Übung wiederholen.

11. Schultern
Schiebe die Schultern so weit wie möglich in Richtung Brust.
Löse die Spannung wieder und genieße etwa eine halbe Minute die Entspannung.
Übung wiederholen.

Ziehe nun die Schultern in Richtung Ohren.
Löse die Spannung wieder und genieße etwa eine halbe Minute die Entspannung.
Übung wiederholen.

12. Faust
Balle beide Hände zu Fäusten.
Löse die Spannung wieder und genieße etwa eine halbe Minute die Entspannung.
Übung wiederholen.

13. Finger
Spreize die Finger beider Hände weit auseinander.
Löse die Spannung wieder und genieße etwa eine halbe Minute die Entspannung.
Übung wiederholen.

14. Oberarm
Ziehe nun die Unterarme mit geballten Fäusten zu den Schultern.
Löse die Spannung wieder und genieße etwa eine halbe Minute die Entspannung.
Übung wiederholen.

15. Gesicht
Schneide ein Grimmasse.
Löse die Spannung wieder und genieße etwa eine halbe Minute die Entspannung.
Übung wiederholen.

16. Körper

Zum Abschluss werden alle Muskeln im Körper angespannt.

Löse die Spannung wieder und genieße etwa eine halbe Minute die Entspannung.

Übung wiederholen.

Zum Zurücknehmen sich räkeln und strecken.
Dann langsam aufstehen.

Entspannung der Augen und Sprechmuskulatur

Nun haben wir uns ein wenig mit dem Basisprogramm der Progressiven Muskelentspannung vertraut gemacht. Jetzt möchte ich noch einen kleinen Schritt weitergehen. Eine gezielte Entspannung kann nicht nur im Liegen, sondern auch im Sitzen, Stehen, während des Gehens erzielt werden. Ich möchte an dieser Stelle die Entspannung der Augen und Sprechmuskulatur vorstellen.

Jeder Mensch verwendet beim Denken eine Art von Vorstellungsbildern, die oft mit körperlichen Anspannungen verbunden sind. Wenn Menschen aufgefordert werden bis zehn zu zählen, berichten viele, dass dies begleitet wird von Empfindungen in der Zunge, in den Lippen und in der Kehle, als ob sie tatsächlich sprächen. Auch beim Erinnern oder Nachdenken werden Muskeln angespannt als ob der Betreffende dies gerade erlebt.

Eine vollkommene Entspannung von Augen und Sprechmuskulatur führt nun dazu, dass sämtliche geistigen Aktivitäten schwächer werden oder sogar ganz aufhören. Entspannen wir also Zunge, Lippen und Kehlkopf so hört meistens auch das innere Sprechen und Zählen auf.

Übung

1. Augen zusammen kneifen
Wir konzentrieren uns auf die Augen, schließen sie und kneifen sie so fest wie möglich zusammen und halten diese Spannung ein paar Sekunden aufrecht und entspannen wieder.
Genieße die Entspannung.
Übung wiederholen.

2. Augen aufreißen
Reiße die Augen soweit und fest auf wie möglich auf.
Die Spannung einige Sekunden halten und wieder entspannen.
Genieße die Entspannung.
Übung wiederholen.

3. Nach oben schauen
Schaue zunächst nach vorn.
Nun schauen wir nach oben, ohne die Kopfhaltung zu ändern.
Die Spannung einige Sekunden halten und wieder entspannen.
Genieße die Entspannung.
Übung wiederholen.

4. Nach unten schauen
Schaue zunächst nach vorn.

Nun schauen wir nach unten, ohne die Kopfhaltung zu ändern.
Die Spannung einige Sekunden halten und wieder entspannen.
Genieße die Entspannung.
Übung wiederholen.

5. Mund weit öffnen
Konzentriere dich auf den Mund. Öffne nun den Mund so weit wie möglich. Die Zunge bleibt hinter den Schneidezähnen liegen. Die Spannung einige Sekunden halten und wieder entspannen. Genieße die Entspannung.
Übung wiederholen.

6. Unterkiefer nach vorne schieben
Richte die Aufmerksamkeit auf den Mund und dem Kiefer.
Schiebe nun den Unterkiefer so fest wie möglich nach vorne.
Die Spannung einige Sekunden halten und wieder entspannen.
Genieße die Entspannung.
Übung wiederholen.

7. Zunge herausstrecken
Konzentriere dich auf die Zunge.
Spitze nun die Lippen und schiebe die Zunge

hindurch bis eine Spannung entsteht. Die Spannung einige Sekunden halten und wieder entspannen.
Genieße die Entspannung.
Übung wiederholen.

8. Grimmasse ziehen
Zum Schluss noch eine beliebige Grimmasse ziehen.
Die Spannung einige Sekunden halten und wieder entspannen.
Genieße die Entspannung.
Übung wiederholen.

Zum Zurücknehmen tief ein und ausatmen, rekeln und strecken.

Phantasiereisen

Das Erlernen von Entspannungstechniken bietet dem Menschen die Chance, durch ihren konsequenten Einsatz Selbstverantwortung zu übernehmen und zu erleben.

Mit Hilfe unserer Vorstellungskraft ist es möglich, eine neue Orientierung und Hilfe der Stärke zu schaffen.

Unsere Fähigkeit zur Imagination ist ein Hilfsmittel, das uns in Kontakt mit unserem heilsamen Unterbewusstsein bringen kann.

Mit Hilfe unserer Phantasie können wir an den Erfahrungen anderer teilhaben und selbst neue Erfahrungen machen. Wir können uns in dieser inneren Wirklichkeit bewegen und sie erleben.

Beispiele aus dem Alltag gibt es dafür viele.
Wir lesen ein Buch, tauchen ganz in die Geschichte ein und sind plötzlich mittendrin in dem Geschehen. Wir sind zur Hauptfigur geworden.

Phantasiereisen schaffen gezielt neue Erlebnis- und Erfahrungsräume in uns. Sie bieten Menschen aller Altersgruppen die Möglichkeit, neue Erfahrungen zu machen und selbstbestimmten Zugang zum eigenen Unterbewusstsein aufzunehmen. Sie schaffen eine entspannte Atmosphäre in uns.

Die Intensität des Erlebens hängt von dem Thema, vom Umfeld und der Vertrautheit ab. Die Arbeit mit Phantasiereisen wirkt auf den ganzen Menschen und ist im umfassenden Sinne persönlichkeitsfördernd.

In der Literatur, im Internet finden wir eine große Anzahl von Texten die die Phantasie anregen können. Auch hier gibt es einige Unterschiede.

Wir können folgende Formen unterscheiden:
- Phantasiegeschichten
- gelenkte Phantasiereisen
- offene Phantasiereisen
- Arbeit mit inneren Bilden

Die Unterschiede erklären in dem entsprechenden gewährten Freiraum. Ich möchte näher auf eine Phantasiegeschichte eingehen, weil sie der eigenen Vorstellung genügend Raum zum Entfalten gibt. Nachteil der Phantasiereise ist die Tatsache dass man einen Therapeuten oder einen Tonträger benötigt um diese auszuführen. Ich möchte trotzdem ein kleines Beispiel einer offenen Phantasiereise beschreiben. Wie bei allen Entspannungsmethoden ist es auch hier wichtig eine entspannte und bequeme Körperhaltung einzunehmen.

Der geschenkte Garten

Stelle dir vor du hast von jemanden einen kleinen Garten geschenkt bekommen, den du dir heute anschauen möchtest.

Stelle dir vor, du kommst den Weg entlang und kannst deinen Garten schon sehen. Vielleicht umzäunt ihn eine Zaun oder eine kleine Hecke.

Du gehst langsam darauf zu und siehst ein kleines schönes Holztor. Du öffnest es. Es ist ja dein Garten.

Geh ein paar Schritte hinein! Es ist ein großer Garten mit verschiedenen Bereichen.

Du siehst zunächst einen Nutzgarten mit allerlei Kräutern und Salaten. Schau dir alles an und wenn du etwas mitnehmen möchtest, so nimm es einfach mit.

Der Weg führt weiter zu einer wunderschönen und bunten Obstwiese. Schau dir die Bäume und die Früchte an. Manche stehen vielleicht noch in der Blüte. Vielleicht findest du auch Beerensträucher von denen du etwas essen kannst.

Du gehst weiter und kommst an einer kleinen Wasserstelle an. Verweile dort ein wenig und schaue dir die Tiere an die hier verweilen. Vielleicht hörst du auch das leise plätschern des Wassers.

Gehe nun weiter. Von weitem siehst du eine kleine

gemütliche Holzhütte. Vielleicht stehen auch ein Tisch und ein paar Stühle davor. Die Hütte könnte dir bei Regen Unterschlupf gewähren. Schau dir die Hütte genau an.

Nun ist es langsam Zeit zu gehen. Noch einmal schaust du dir die verschiedenen Bereiche deines Gartens an bis du wieder am Holztor angekommen bist. Geh hindurch.

Wenn du dich jetzt kräftig rekelst und streckst, dabei tief durchatmest und deine Augen öffnest, bist du wieder zurück hier im Raum.

Soweit zu meinem kleinen Beispiel einer offenen Phantasiereise. Offenen bedeutet in diesem Fall dass ihr viele Bilder mit euren eigenen Wünschen erweitern könnt.

Der Weg

Bis hier her habt ihr einiges an Informationen bekommen und vielleicht auch lernen können. Allein eine Entspannungsmethode reicht nicht aus um sich wieder auf den richtigen Weg zu bringen. Sie ist nur Teil eines doch recht komplexen Zusammenhangs von Mensch und Psyche. Die Säulen sollen zum Nachdenken anregen. Hier geht es aber nicht nur um Einmaligkeit. Wir müssen uns jeden Tag mit uns beschäftigen und uns hinterfragen. Sind meine getroffenen Entscheidungen so richtig? Kann ich etwas ändern? Wo stehe ich heute?

Wenn ich mein Leben mit einer völlig engen Sichtweise führe, die Achtsamkeit nicht erkenne, mein Mitgefühl nicht schule, so kann ich nur einen Bruchteil der Miete einfahren.

Egal für was ihr euch entscheidet, denkt an die erwähnten Säulen in meinem Buch, die helfen sollen, ein klares Leben zu führen. Sie sind das Fundament, der Grundstock eines zufriedenen und erfüllten Lebens. Oft kommt alles anders, wie man es sich vorgestellt hatte. Eines ist wichtig: Erlebt jeden Moment des Lebens, erlebt jeden Moment eures Seins. Erst wenn es euch gut geht, könnt ihr eine Hilfe für eure Kinder, eurem Partner sein. Erst dann strahlt ihr Mitgefühl aus. Erst dann werdet ihr liebevoll auf eure Mitmenschen reflektieren. Das ist der Weg.

Der Weg (Frank Tuppek 2009)

Steil und Dornig ist er, mein Weg.
Vieles versperrt ihn mir, nicht immer erkenne ich es.
Ich weiß nicht warum.
Ich lebe und doch bin ich blind.

Schritt für Schritt erlebe ich ihn, meinen Weg.
Trauer, Trübsal und Schmerz begleiten mich.
Oft verschwimmt er im Meer der Blindheit.
Versinkt im Morast der Unzufriedenheit.

Es wird dunkel um mich.
Kein Lichtstrahl, der mich führt.
Keine Hand, die mich erfasst.
Kein Wort, das ich vernahm.

Und doch gehe ich ihn weiter.
Und langsam, sehe ich mich.
Sehe meinen Geist und erkenne mich.
Nein, ich war nie allein.

Ich wusste nicht, wer ich war.
Achtsamkeit in der Tiefe meines Herzens.
Freude in meiner Seele.
Ich habe mich erkannt.
Nun ist es mein Weg.

Nachtrag

Sicherlich hat sich der eine oder andere im Vorfeld schon über die angebotenen Entspannungsverfahren informiert. Das Thema ist im Moment in aller Munde und dementsprechend auch sehr viele Angebote vorhanden. Entspannung und Wellness sind die Schlagworte, die man überall vernehmen kann. Aber auch genau hier liegt das Problem. Für was soll man sich entscheiden und was ist das Beste für mich? Fragen über Fragen. Ich glaube aber, dass man in einem persönlichen Gespräch schon sehr schnell feststellen kann, mit wem man es zu tun hat. Man sollte darauf sehr genau achten. Nicht alles ist Gold was glänzt.

Natürlich ist es nicht einfach sein Leben mit den genannten Einstellungen umzukrempeln. Konsequenz ist hier ein ganz wichtiger Aspekt. Anfangen kann man vieles. Was aber wenn plötzlich die Unlust kommt, man vielen anderen Dingen den Vorrang gibt?

Kraft schöpfen können wir nur aus der eigenen Quelle. Da wird uns niemand bei helfen können. Was wir also weiter brauchen ist die Erkenntnis. Wir müssen uns immer wieder im Klaren darüber sein, das der angefangene Weg zu einem reinen Quell in uns wird. Frische Wasser aus einer sauberen Quelle ist doch etwas Wunderbares. Man trinkt davon und ist erfrischt. Und der tägliche Kampf macht schon sehr durstig.

Wir wollen doch nicht dass unser Leben an uns vorbeizieht und wir es nicht bemerken. Wir haben die Wahl uns zu entscheiden. Dies geschieht immer durch Gedanken, Worte und Taten. Unser Leben darf uns nicht leben. Dies wäre eine bizarre Eigendynamik die uns von unserem eigentlichen Wesen entfernen will.

Unseren Körper hegen und pflegen wir wo immer es eine Möglichkeit gibt. Ein neues Parfum, eine neue Hautcreme. Was ist aber mit uns und unserem Geist? Bestimmt nur das Leiden nach Wünschen und Zielen unser Leben? Wir sollten das Leben ernster nehmen. Wir haben nur dies und es ist sehr zerbrechlich.

Folgende Übungs- und Entspannung CDs können über das Internet oder einem Buchhandel bezogen werden:

CD Dinner-Wohlfühl-Lounge
Harmonische Wohlfühlmusik
ASIN: 3893214372

CD Traumzeit
Wellnessmusik für eine entspannte Traumzeit
ASIN: 3893215646

CD Wohlfühl-Atmosphäre
Loslassen – Entspannen – Wohlfühlen
ASIN: 3893214860

CD Die Heilkraft der Harmonie
Wohlfühlmusik zum Loslassen und Glücklich sein
ASIN: 3893215247

CD Symphonie der Seele
Musik zum Träumen
ASIN: 3893215565

CD Garten der Seele
Traumhaft harmonisierende Wohlfühlmusik
ASIN: 3893216952

CD Healing Elements
Musik zum Loslassen und Träumen

ASIN: 3893216340

CD Gelassenheit im Alltag
Harmonische Entspannungsmusik
ASIN: 3893217509

CD Windharfe
Wohltuende Windspiele der Natur
ASIN: 3893217037

CD Symphonie des Meeres
Traumhafte Entspannungsmusik mit Meeresrauschen
ASIN: 3893217878

CD For You
Wohlfühlmusik zum loslassen
ASIN: B00JOGS2EC

CD Anti-Stress Musik
ASIN: B00FA1SNQM

CD Progressive Muskelentspannung (PM)
Geführte CD für die PM (Bezug nur über mich)

CD Achtsamkeitsmeditation
Eine Atemreise durch den Körper (Bodyscan)
(Bezug nur über mich)

Frank Tuppek
Praxis für Entspannungspädagogik
Heubergweg 5 – 64720 Michelstadt

Mitglied in der / dem
- Zen - Vereinigung Deutschland e.V.
- Bundesverband für Entspannungspädagogen
- Arbeitsgemeinschaft freier Berater/innen und Therapeut/inn/en (AGBT)
- Deutsche Tinnitus-Liga e.V.
- Reiki-Verband-Deutschland e.V.
- VDK – Sozial Verband Deutschland e.V.
- Deutsche Herzstiftung e.V